LA LEGIÓN ESTONIA

EN LA SEGUNDA GUERRA MUNDIAL

LUCAS MOLINA • PABLO SAGARRA • ÓSCAR GONZÁLEZ

GALLAND BOOKS editorial

www.gallandbooks.com

Título original: La Legión Estonia en la Segunda Guerra Mundial
Primera edición: septiembre de 2024
ISBN: 978–84-19469-700
Depósito legal: DL VA 486-2024
Diseño y maquetación: Carlos Castañón - Boca Multimedia
Tratamiento de imágenes: Carlos Castañón y Paco Queipo
Imprime: Rudelgraf
Impreso en España

INTRODUCCIÓN

La actual República de Estonia, es la unión de los territorios que conformaban la antigua provincia de Estonia y el norte de la región de Livonia. En el siglo XIII, alemanes y daneses atacaron el territorio pagano de Estonia y a sus tribus, a las que convirtieron al cristianismo en 1227.

Arriba. Caballeros de la orden de los Hermanos Livonios de la Espada.

Abajo. A la derecha, el emblema de la Orden de los Caballeros Teutónicos. A la izquierda, el de los Hermanos Livonios de la Espada.

Ciento dieciseis años después, en 1343, se produjo un levantamiento estonio contra el dominio danés, que fue apoyado militarmente por los suecos, a los que interesaba dominar la península escandinava y el norte de Estonia. La Orden de los Caballeros Teutónicos acabó con la rebelión y con los jefes estonios de la misma, actuando a petición de las autoridades danesas.

Sólo tres años más tarde, Valdemar IV, rey de Dinamarca, vendería sus posesiones en la región norte de Estonia a la Orden de los Hermanos Livonios de la Espada, una rama autónoma de la Orden de los Caballeros Teutónicos, pagando éstos 19 000 marcos de plata.

Los conflictos territoriales con sus vecinos provocaron que en 1558 los rusos ocuparan la diócesis de Tartu y zonas adyacentes, que mantendrían 25 años, hasta 1582. El norte de la actual Estonia quedaría en

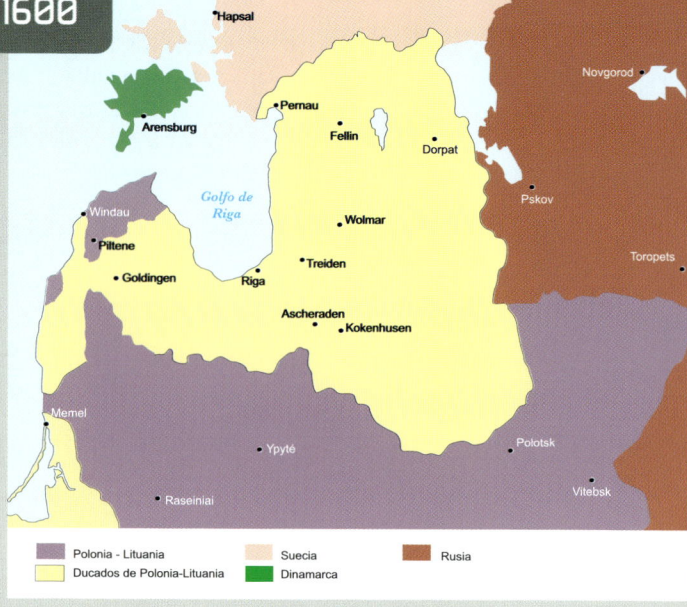

Livonia y los territorios limítrofes cerca de 1600

Reval

Hapsal

Narva

Novgorod

Pernau

Arensburg

Fellin

Dorpat

Pskov

Windau

Golfo de Riga

Wolmar

Piltene

Treiden

Toropets

Goldingen

Riga

Ascheraden

Kokenhusen

Memel

Ypyté

Polotsk

Vitebsk

Raseiniai

Polonia - Lituania   Suecia   Rusia
Ducados de Polonia-Lituania   Dinamarca

poder de Suecia: la ciudad de Tallin y la nobleza de Harju y Virumaa prestaron juramento de lealtad al rey sueco Erik XIV, permaneciendo bajo su dominio los siguientes 150 años. Livonia fue entregado por el arzobispo de Riga al rey Segismundo II de Polonia e incorporado a la República de las dos naciones. El único territorio que quedó en poder de Dinamarca fue la isla de Saaremaa.

El tratado de Altmark, firmado en 1629, fijaría el poder sueco en toda la Estonia continental y parte de la actual Letonia (al norte del río Daugava), y 15 años después, tras la guerra entre Suecia y Dinamarca, la isla de Saaremaa pasaría también al imperio sueco. El dominio de la entonces poderosa Suecia, se mantendría en la costa oriental del Báltico hasta finales del siglo XVII.

Tras la Gran Guerra del Norte, que se inicio en 1700, auspiciada por los enemigos de Suecia, Polonia-Lituania y Rusia a la cabeza, todas las posesiones suecas en Estonia y Livonia fueron cayendo en manos rusas, culminando el proceso en septiembre de 1710, con la capitulación de Tallin. La anexión de Estonia y Livonia al estado ruso fue confirmada por el Tratado de Paz de Uusikaupunki en 1721, que puso fin al citado conflicto.

Desde 1710, por tanto, los territorios que componen la Estonia actual pertenecieron a la Rusia zarista, quien restauró los derechos de los caballeros germano-bálticos –restringidos por las autoridades suecas durante su dominio–, creando el *Landtag*, organismo de autogobierno alemán báltico que incluía a todos los nobles, resaltando la autonomía administrativa de la región.

La llegada al trono de Rusia del Zar Nicolás II, a finales del siglo XIX, no modificó el proceso de rusificación iniciado

Abajo. El zar Nicolás II Romanoff. Con él acabaría para siempre la monarquía en Rusia. Luce en el pecho la Orden de San Vladimiro.

por sus antecesores, constatando la pérdida de apoyo del gobierno zarista por parte de la población estonia, extendiéndose las ideas antimonárquicas y socialistas. A principios del siglo XX, surgieron dos corrientes, una más moderada, que preconizaba la transformación del autogobierno en una monarquía parlamentaria, y otra más radical, que predicaba una república democrática. Dirigía esta última el editor Konstantin Päts.

Tras la primera revolución rusa de enero de 1905, se fundaron en Estonia los primeros partidos políticos legales y los primeros sindicatos. Entre noviembre y diciembre de ese año, debido a las gravísimas alteraciones de orden público, se declaró el estado de guerra en las provincias bálticas. El odio de la población se focalizó hacia los terratenientes alemanes, a los que se consideraba opresores históricos del pueblo estonio, perpetrando incendios y saqueos de sus propiedades.

KONSTANTIN PÄTS
1874–1956

Arriba. El editor y político estonio Konstantin Päts. Fue el primer jefe de gobierno de Estonia.

Abajo. El primer ministro ruso, Piotr Stolypin, dio un paso más en el proceso de rusificación, lo que supuso una vuelta de tuerca en la presión sobre la población de los países bálticos. En la imagen, una interpretación pictórica del asesinato del primer ministro, mientras asistía a la ópera de Kiev el 1 de septiembre de 1911.

El gobierno ruso envió un ejército a la zona para reprimir la incipiente revolución; se clausuraron sindicatos y periódicos y muchos líderes políticos huyeron al extranjero. El estado de guerra duraría hasta agosto de 1908. El proceso de rusificación no se detuvo, agudizándose con el primer ministro Piotr Stolypin.

Tras el comienzo de la Primera Guerra Mundial, los estados bálticos fueron muy importantes para Rusia en la defensa de San Petersburgo. Más de 100 000 hombres fueron reclutados en las provincias de Estonia y Livonia en el transcurso del conflicto, y se realizó un esfuerzo enorme para construir la base más importante de la marina rusa en el Báltico, Tallin, que a la postre, formaba parte de la llamada «Fortaleza de Pedro en Grande» –en territorio de Estonia y de Finlandia–, y que fue dotada de campos de minas, baterías costeras y contra aeronaves, vías férreas, carreteras, puentes, astilleros..., aunque Rusia no lograría terminarla antes de la ocupación alemana de febrero de 1918.

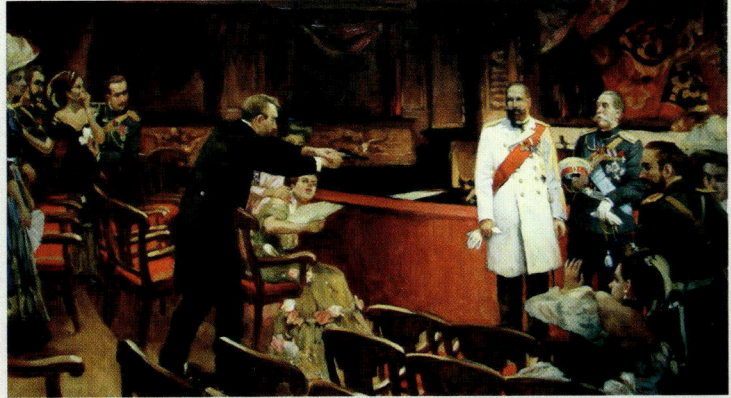

En Tallin se construyó un magnífico puerto, con sus astilleros, y una guarnición que llegó a los 30 000 soldados y 20 000 marineros. El territorio estonio fue ocupado por los alemanes en el otoño de 1917.

La independencia de Estonia

Tras la revolución de febrero de 1917 en Rusia, los políticos estonios reclamaron autonomía al Gobierno Provisional de Kerensky. El 30 de marzo se aprobaba un decreto por el que la zona geográfica habitada por estonios se unificaba en una única provincia autónoma, llamada de Estonia, iniciándose una fulgurante actividad política para posicionar diferentes partidos en el consejo provincial. Bajo el liderazgo de los bolcheviques, se formaron consejos de trabajadores en ciudades y unidades militares de todas las regiones, incluyendo también Estonia.

A partir de abril, se formaron en territorio de Estonia unidades militares con personal de esta nacionalidad que había estado disperso por numerosas divisiones del ejército ruso, creándose el primer regimiento de infantería en el mes de mayo de ese mismo año.

En septiembre de 1917 la guerra mundial llegó a territorio estonio, con la denominada «Operación Albión», ocupando las tropas alemanas las tres islas occidentales de Estonia –Saaremaa, Hiiumaa y Muhu– tras varios desembarcos y combates navales y terrestres. Un mes más tarde se producía en Rusia el golpe de estado bolchevique, con repercusiones en Estonia, donde también los bolcheviques locales tomaron el poder, aunque los políticos estonios les plantaron cara, no reconociendo a los nuevos dirigentes, quienes disolverían el Consejo Estonio recién creado. A partir de ese momento comenzarían los primeros enfrentamientos entre bolcheviques y nacionalistas estonios.

Proclamación de la República de Estonia el 24 de febrero de 1918. En el centro del cuadro, los miembros del Comité de Salvación Nacional: Konstantin Konik (31-XII-1883/3-VIII-1936), Konstantin Päts (23-II-1874/18-I-1956) y Jüri Vilms (1-III-1889/2-V-1918). Óleo de Maksimillian Maksolly.

A finales de año, los nacionalistas tomaron la decisión de declarar la independencia de Estonia, en la primera oportunidad favorable para ello, conviniendo que tal oportunidad se podría producir en el momento que los alemanes atacaran el territorio continental, obligando a huir a las autoridades bolcheviques. Así, el 18 de febrero de 1918, cuando se produjo el ataque teutón, un comité llamado de rescate de Estonia se hizo cargo del poder, proclamando el día 24 de ese mismo mes la independencia del nuevo estado: la República de Estonia.

El día 25 se formaba el nuevo Gobierno Provisional de Estonia en Tallin, con Konstantin Päts como primer ministro, actuando durante unos pocos días, hasta que la ocupación de Estonia por los germanos fue una realidad, momento en el que el imperio alemán se negaría a reconocer a la recién proclamada república, intentando por todos los medios establecer una unión con Alemania, donde los alemanes bálticos jugarían un papel preponderante.

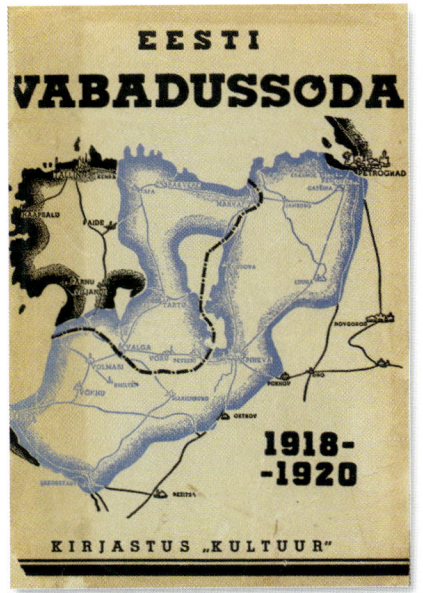

En el Tratado de Paz de Brest-Litovsk, firmado por Rusia el 3 de marzo de 1918, ésta renunció a sus derechos sobre las provincias bálticas aunque, como veremos después, el final de la Gran Guerra haría que los rusos revirtieran su decisión.

La derrota alemana en la Primera Guerra Mundial, en noviembre de 1918, rompió sus aspiraciones en el Báltico, favoreciendo, por el contrario, que los representantes del Gobierno Provisional de Estonia consiguieran llegar a un acuerdo con el representante del gobierno alemán, August Winnig, sobre el tránsito del poder en su territorio.

La rendición germana, provocó que los nuevos dirigentes bolcheviques denunciaran el Tratado de Brest-Litovsk y reconsideraran el retorno al «imperio» de todos los territorios a los que habían renunciado en el mismo.

Portada de un libro estonio dedicado a la Guerra de Independencia.

Casi sin solución de continuidad, el 28 de noviembre de 1918, el Ejército Rojo atacaba la ciudad fronteriza de Narva, iniciándose la guerra entre la jovencísima República de Estonia y la Rusia bolchevique, una conflagración que duraría casi 15 meses y de la que Estonia saldría empobrecida, aunque libre de los comunistas rusos, y como estado europeo independiente.

Pero la Guerra de Independencia no sólo se libró contra los bolcheviques; también se lucharía –en combates más limitados en el espacio y en el tiempo– contra la milicia germano-báltica *Landeswehr* y contra las fuerzas blancas rusas del príncipe Pavel Bermondt-Avalof (en el verano y el otoño de 1919).

Como se puede suponer, la situación de Estonia cuando los comunistas rusos atacaron el 28 de noviembre, era muy precaria: muy pocos días antes se había proclamado la independencia; el ejército estonio prácticamente no existía como tal, faltándole armas y pertrechos de todo tipo; las finanzas del nuevo estado eran escasas y el hambre había hecho su aparición entre los más desfavorecidos. El gobierno provisional de Estonia tuvo que fiar su suerte a la ayuda de los países occidentales que acababan de ganar la guerra y a su vecina Finlandia: en diciembre, el Reino Unido enviaba por vía marítima un cargamento de armas y Finlandia también entregaba armas a Estonia, así como un contingente de 4000 voluntarios para combatir a los comunistas.

Soldados estonios junto a diverso material militar en plena guerra de independencia. Todas las armas proceden de la Gran Guerra, muy utilizadas en la «guerra de trincheras».

El 22 de noviembre las fuerzas bolcheviques hicieron una primera incursión en Narva, aunque las tropas alemanas que todavía permanecían en la ciudad, consiguieron rechazar el ataque. Seis días más tarde, el Ejército Rojo volvería a atacar Narva con más fuerza, aban-

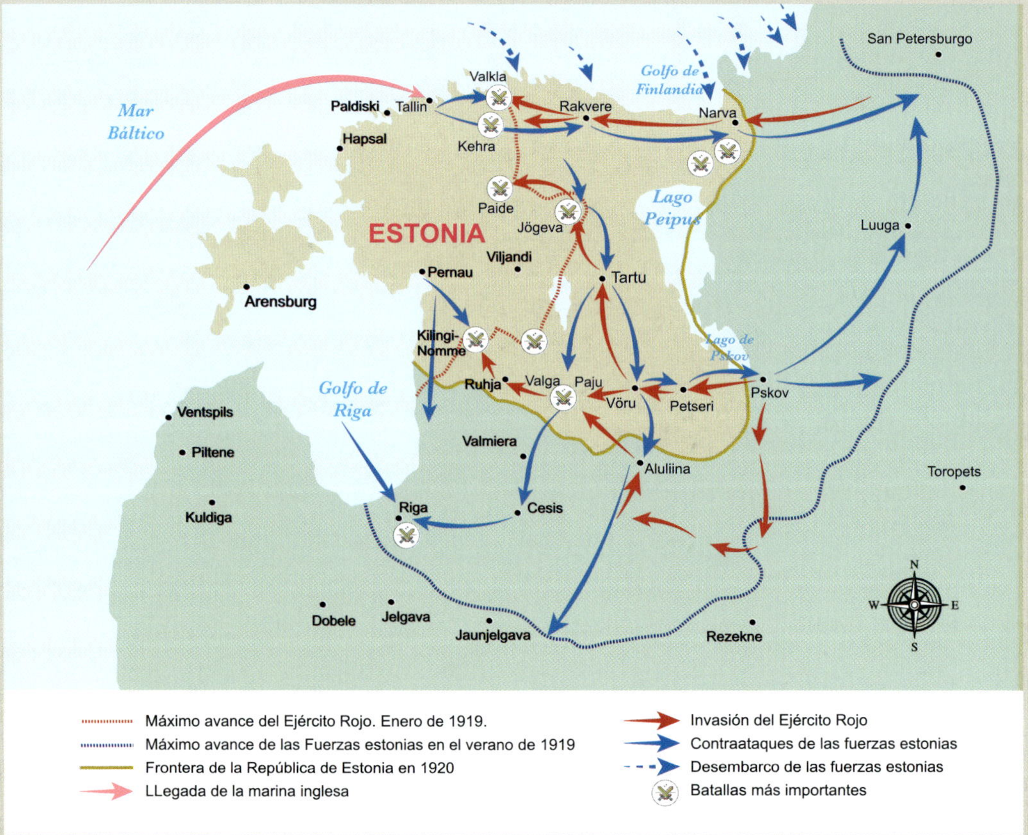

Máximo avance del Ejército Rojo. Enero de 1919.
Máximo avance de las Fuerzas estonias en el verano de 1919
Frontera de la República de Estonia en 1920
LLegada de la marina inglesa
Invasión del Ejército Rojo
Contraataques de las fuerzas estonias
Desembarco de las fuerzas estonias
Batallas más importantes

donando la ciudad sus defensores por orden del general estonio, jefe entonces de la 1ª División, Aleksander Tönisson. Al día siguiente, el 29 de noviembre de 1918, el gobierno provisional decretaba la movilización general, lo que no impidió el avance fulgurante de los bolcheviques que a finales de año estaban en las cercanías de Tallin, la capital.

En los territorios conquistados, los comunistas organizaron un gobierno títere, en un estado títere denominado «Comunidad del Pueblo Trabajador de Estonia», utilizando el terror general para dominar a la población ocupada. En estas fechas se calculan 650 asesinatos y más de 11 000 deportaciones a Rusia de enemigos políticos.

El 23 de diciembre de 1918 el gobierno nombraba al general Johan Laidoner jefe de las Fuerzas Armadas de la República de Estonia, aumentando la recluta de efectivos para el ejército, llegando a 13 000 hombres a finales de año, de los cuales más de 600 eran oficiales. En esas mismas fechas el Reino Unido envió a Tallin la 6ª Escuadra, a las órdenes del contralmirante Edwyn Alexander Sinclair, garantizando así la seguridad de la costa estonia y las comunicaciones con Europa occidental. Los finlandeses se apresuraron a enviar fusiles, ametralladoras y piezas de artillería, y reclutaron más de 3500 voluntarios, para luchar contra los comunistas rusos. Los británicos también entregaron fusiles, ametralladoras, piezas de artillería y dos destructores que habían capturado a los bolcheviques. Antes de su relevo en abril de 1919 por el 1º Escuadrón ligero del contralmirante Henry Cowan, Sinclair bloqueó la base de la armada rusa de Kronstadt y apoyó con bombardeos desde el mar, el ataque del Ejército del Noroeste de Yudenitch a Petrogrado.

Arriba. Aleksander Tönisson mandaba en 1918, la 1ª División estonia. Dejó el ejército en 1934, después de haber sido ministro de Defensa. En 1940 era alcalde de Tallin y fue deportado a la URSS, muriendo en cautividad en 1941.

Abajo. El coronel estonio Viktor Puskar fue el comandante de la 2ª División. Fue uno de los líderes del movimiento VAPS en los años 30.

A finales de 1918 el Ejército estonio, considerablemente reforzado, pudo detener el avance del ejército bolchevique. El 7 de enero de 1919 comenzaría la ofensiva general de las fuerzas estonias en el frente de Viru. El 18 de enero, la ciudad fronteriza con Rusia, Narva, era liberada al confluir un ataque terrestre de las unidades estonias con un desembarco en la costa noreste de Estonia, en el que participaron tropas finlandeses. En la línea del río Narva, el frente se estabilizó y la actividad militar se trasladó al sur de Estonia y norte de Letonia.

Tras su derrota en la famosa batalla de Paju, tras la que las fuerzas estonias recuperaron la estratégica ciudad de Valga, los bolcheviques, que ocupaban gran parte de Letonia, agruparon casi 80 000 soldados en la frontera sur –en territorio de Letonia–, dotados de más de 200 cañones, 1100 ametralladoras, una docena de carros blindados, cinco trenes blindados y una veintena de aviones de guerra, dispuestos a entrar en Estonia. Frente a ellos, el ejército nacional estonio sólo podía oponer 20 000 soldados 70 cañones y 250 ametralladoras, así como varios trenes blindados.

Pese a la gran diferencia de efectivos, el mando estonio planteó una lucha en defensiva, movilizando hasta mayo más de 10 000 hombres, y adquiriendo las armas necesarias para las nuevas unidades creadas sobre la marcha. En mayo estuvo dispuesto el ejército estonio para iniciar una ofensiva en tres direcciones: Narva- Petrogrado, Petseri-Pskov y hacia el norte de Letonia. Para estas operaciones, y con los nuevos efectivos, se organizó la 3ª División estonia al mando del coronel Ernst Pödder, quien recibiría órdenes para llevar el conflicto fuera de las fronteras de la República de Estonia, formando una zona de seguridad alrededor de las fronteras propias, que serían defendidas por los soldados estonios, los rusos blancos y los letones nacionalistas.

Fue por ello que el jefe de las fuerzas armadas estonias, Johan Laidoner ayudó a transformar el débil Cuerpo de Rusos Blancos

El general Ernst Pödder fue nombrado jefe de la 3ª División estonia, que empujó a los comunistas fuera de las fronteras de Estonia.

GENERAL JOHAN LAIDONER

Nació el 12 de febrero de 1884 en Viirats. Debido a los bajos recursos económicos de sus padres, Johan no pudo estudiar más que la educación básica, ingresando en el Ejército del Zar en 1900 y sirviendo en el Regimiento de Infantería de Kaama (Kaunas). En 1902 ingresó en la Escuela de Infantería de Vilna, graduándose en 1905 como el nº 1 de su promoción, siendo promovido a 2º teniente y destinado a Georgia, cerca de Tbilisi. En la Primera Guerra Mundial combatió en varios frentes, siendo ascendido a comandante en 1915 y a teniente coronel en 1916. Entre diciembre de 1917 y febrero de 1918, Laidoner fue el jefe de mayor graduación del Ejército estonio, y estuvo al mando de la 1ª División, marchando a Rusia tras la ocupación alemana. Regresaría a finales de 1917, convirtiéndose en Comandante en Jefe del Ejército de Estonia, con el empleo de coronel. En 1919 sería ascendido a general de división y al finalizar la guerra, a teniente general, renunciando a la jefatura del ejército, dedicándose a la política. En el intento de golpe de estado comunista de diciembre de 1924 fue llamado a ejercer nuevamente la jefatura del ejército, renunciando a ella cuando terminó la amenaza. En 1934, tras el golpe de estado, el presidente Päts llamaría a Laidoner, quien actuaría nuevamente como jefe del ejército estonio hasta 1940. Tras la ocupación de Estonia por la URSS en junio de 1940, Laidoner y su esposa fueron deportados a Penza (Rusia), y tras el inicio de «Barbarroja», fueron encarcelados en varias prisiones. Laidoner moriría el 13 de marzo de 1953 en la prisión de Vladimir, en cuyo cementerio fue enterrado.

del Norte, el denominado Ejército del Noroeste, a las órdenes de Nikolai Yudenitch, así como la Brigada Norte letona.

Estonia apoyaría a los Rusos Blancos del Norte en su lucha contra los bolcheviques para conseguir tomar la capital, Petrogrado, comprometiéndose aquellos en no interferir en los asuntos internos de Estonia.

Arriba. El general Yudenitch y su estado mayor. El Ejército del Noroeste era la unidad «blanca» más débil de las que combatían contra los bolcheviques.

Abajo. Konstantin von Weiss fue el jefe de la unidad de alemanes bálticos que luchó integrada en el ejército de Estonia contra los bolcheviques rusos. Pese a su valor y entrega en la campaña, esta unidad no fue valorada por los estonios, pues nunca se fiaron de las intenciones de los alemanes bálticos, enviándolos a luchar junto al Ejército del Noroeste, a la zona de San Petersburgo.

Las unidades blancas empezarían a empujar a los rojos desde el frente del Viru, apoyando los estonios con desembarcos desde el Golfo de Finlandia. Los primeros ataques destuyeron a la 6ª División rusa.

El 25 de mayo las tropas estonias tomaban la importantísima ciudad de Pskov, retirándose apresuradamente los bolcheviques, no sin antes volar los puentes sobre el río Velikaja. La capacidad combativa de los soldados comunistas en estas fechas estaba bajo mínimos y no hubiera sido difícil a los estonios seguir avanzando para tomar más territorio, pero Laidoner decidió detenerse, pues su capacidad logística era muy limitada. El día 29 llegaban a Pskov las tropas rusas blancas del Ejército del Noroeste, y los estonios les entregaron la ciudad, permaneciendo una guarnición estonia para reforzas a las débiles unidades de Yudenitch.

Los bolcheviques comenzarían entonces una movilización para recuperar Pskov, que caería nuevamente en su poder el 26 de

agosto, con la retirada de las pocas tropas estonias que todavía quedaban en la ciudad. Las relaciones de Yudenitch con los estonios eran cada vez más tensas, al negarse a reconocer éste la República de Estonia.

El 31 de agosto el Comisionado de Relaciones Exteriores de Rusia propuso a los países bálticos conversaciones de paz, pero Estonia, que no se fiaba de los bolcheviques fue la más renuente en aceptarlas. Tras una primera ronda realizada en Pskov, las negociaciones no fructificaron. Al mismo tiempo, la pérdida de Pskov había envalentonado a los rusos, que contraatacaban y amenazaban Narva. La debilidad de las tropas del Ejército Blanco del Noroeste hizo que éstas se empezaran a retirar hacia el territorio de Estonia. Yudenitch había perdido la partida, algo que disgustó a los británicos y franceses, que no entendían esta situación.

Los restos del Ejército del Noroeste que pasaban a Estonia fueron internados y el 22 de enero de 1920, el general Yudenitch anunciaba la disolución de su ejército. Pese al impulso bolchevique y los sucesivos ataques a la ciudad de Narva en el otoño de 1919, los estonios mantuvieron la línea de frente inalterada. Los combates fueron muy desiguales, –unos 40 000 estonios frente a más de 100 000 bolcheviques–. Fue una batalla defensiva donde las posiciones bien fortificadas jugaron un papel determinante en los combates, en los que los comunistas rusos perderían a unos 35 000 soldados, quebrándose la moral de los combatientes a finales de 1919.

El 5 de diciembre de 1919 se reanudaron las negociaciones con los rusos, sin dejar éstos de atacar en dirección a Narva para obligar a Estonia a hacer concesiones territoriales. Para estas fechas, el ejército estonio tenía en armas a 86 000 combatientes, y la Liga de Defensa, otros 36 000 más. El 31 de diciembre, en vista de que el Ejército Rojo era incapaz de avanzar y tomar Narva, Rusia declaró un alto el fuego y una tregua. El tratado de paz entre Rusia y Estonia se firmaría en la ciudad de Tartu el 2 de febrero de 1920. A partir de entonces, Estonia haría suya la frase de uno de sus políticos: «Probemos la paz, pero mantengamos y aumentemos nuestra fuerza militar».

Johan Pitka fue el fundador de la Liga de Defensa de Estonia. Esta organización sería la antecesora de las unidades de Autodefensa, denominadas a partir de 1941 – Omakaitse–, como veremos más adelante.

LA LIGA DE DEFENSA DE ESTONIA

La Liga de Defensa fue fundada el 11 de noviembre de 1918, día en que finalizó la Gran Guerra, con el nombre de «Unión de Defensa de Estonia». Su fin primigenio fue garantizar la seguridad interna de la nueva República. Su fundador y primer presidente fue el marino Johan Pitka, siendo su primer comandante el coronel Ernst Pödder. «Todo estonio honesto» podría convertirse en miembro, pero a diferencia de la milicia popular, eran necesarias varias recomendaciones.Durante la Guerra de Independencia sus actividades se multiplicaron por todo el país, colaborando con el gobierno y las unidades militares de Estonia, aunque en ella participaran hombres de cierta edad, que no eran aptos para los combates pero sí para mantener la seguridad interna. Tras la victoria en la Guerra de Independencia, las actividades de la Liga de Defensa se consideraron superfluas en tiempos de paz, y fue suspendida. La Liga de Defensa de Estonia resurgió después del intento de golpe de estado comunista del 1 de diciembre de 1924, por iniciativa del jefe del ejército y de las Fuerzas de Defensa de Estonia, Johan Laidoner. En 1927 se aprobaban los estatutos provisionales para la presencia femenina en la defensa pasiva, y en 1931, se aprobaban los estatutos definitivos de la Liga de Defensa de Estonia, que han permanecido hasta la actualidad –con el parón obligado entre 1940 y 1991. Con la invasión soviética de junio de 1940, desaparecería la Liga de Defensa, volviendo a restaurarse el 4 de septiembre de 1991, tras la caída de la URSS y la independencia de Estonia. En 1992, la Liga de Defensa fue integrada en las Fuerzas Armadas de Estonia, como una organización para la defensa nacional. La organización actual de la Liga de Defensa incluye cuatro distritos, con 15 unidades regionales. En caso de movilización, cada Distrito organiza un batallón. La Liga mantiene unos 15 000 reservistas preparados y entrenados.

ILUSAT VÕIDUPÜHA!

POSTGUERRA Y OCUPACIÓN SOVIÉTICA

¡Feliz día de la Victoria! Los uniformes más representativos de la Guerra de la Independencia de Estonia. De izquierda a derecha: suboficial, artillero, oficial, jinete de Caballería, oficial de la Armada, ametrallador, soldado de tren blindado y soldado de Infantería. (Dibujante: Oskar Sadek. 1939).

En 1920 se llevó a cabo la desmovilización del ejército estonio, pasando en poco tiempo a poco menos de 20 000 hombres, y siendo desde aquel momento el comandante en jefe del ejército, el ministro de la guerra. Se dejaron organizados y en armas sólo 12 batallones de infantería encuadrados en seis regimientos. La 3ª División de Infantería sería desmantelada, quedando sólo operativas la 1ª y la 2ª divisiones. La División de Trenes Blindados se reorganizó en Brigada de Trenes Blindados y los regimientos de artillería se convirtieron en grupos, permaneciendo activo un único regimiento de Caballería.

En 1924, el Partido Comunista de Estonia, que operaba en Rusia en el exilio, propuso tomar el poder por la fuerza en la joven república báltica. Los bolcheviques rusos dieron su aprobación a la iniciativa y apoyaron financieramente el golpe revolucionario, promocionando las actividades clandestinas dentro de Estonia, y reclutando también un buen número de ciudadanos estonios, letones y finlandeses que vivían exiliados en la Rusia soviética para apoyar el levantamiento si hiciera falta.

En la propia Estonia, los voluntarios golpistas fueron movilizados por el jefe del Partido Comunista estonio, Jaan Anvelt, que recibió instrucciones y apoyo de Rusia y del *Komintern*. El plan de ataque preparado en Moscú incluía el asalto a los edificios de la jefatura del gobierno, el ministerio del Interior, el de la Guerra, la Escuela Militar, varias unidades militares y la oficina principal de Correos.

El golpe daría comienzo minutos después de las 05.00 h del día 1 de diciembre en la capital de Estonia, Tallin, cuando 40 grupos de ataque empezaron a disparar a sus objetivos, matando a unas 25 personas durante las tres primeras horas del golpe. El plan preveía una huelga general en Tallin, y luego la toma del poder en Tartu, Narva y Pärnu, así como en otras pequeñas ciudades estonias.

Una vez alcanzado el poder en Estonia, los insurrectos formarían un gobierno, proclamarían la República Socialista Soviética de Estonia e invitarían a las tropas de la URSS a entrar en Estonia.

El golpe fracasó, en parte por su deficiente ejecución y en parte por la contundencia de la represión por el aparato de defensa interno del estado. El ministro del Interior estonio, reestableció pronto el orden, promulgando la Ley Marcial en todo el país. El general Johan Laidoner fue nombrado Comandante de las Fuerzas Armadas de Estonia. A los involucrados en el golpe que fueron capturados, se les sometió a consejo de guerra y a 97 de ellos se les fusiló. El jefe de los comunistas estonios, Jean Anvelt, escapó a Rusia, donde años después moriría purgado por Stalin. El Partido Comunista de Estonia sería puesto fuera de la ley y desaparecería de la arena política estonia hasta 1940, cuando la URSS ocupó Estonia por la fuerza.

Arriba. Jaan Anvelt era el jefe del Partido Comunista de Estonia en el exilio ruso. Fue el ejecutor del fracasado golpe de 1924. Moriría ejecutado en Moscú en 1937, en las famosas «purgas estalinistas».

Abajo. Tras la demolición del monumento que los soviéticos habían levantado en Tallin en 1941, conmemorativo del golpe comunista de 1924, en 2009 se volvería a colocar el original de 1928, restaurado, que es el que aparece en la fotografía.

En 1928 se erigió un monumento en Tallin, en el distrito de Kritiine, dedicado a los cuatro cadetes de la Academia Militar que murieron en los enfrentamientos con los comunistas golpistas. Durante la ocupación soviética fue destruido, pero tras la caida de la URSS y la nueva independencia de Estonia, el monumento fue restaurado y se volvió a inaugurar el 15 de mayo de 2009.

La crisis económica de 1929 afectó duramente a Estonia y puso de relieve las debilidades de la administración. Los años más duros fueron 1932 y, especialmente, 1933. La inestabilidad política era evidente, sucediéndose cinco gobiernos en pocos meses. Hay que aclarar que Estonia no tenía la institución de Jefe de Estado, pues dicha figura no estaba contemplada en la Constitución, ocupando el mas alto rango el Jefe del Gobierno o Primer Ministro.

En 1933 un partido nacionalista formado por veteranos de guerra, la Unión Central de Luchadores por la Libertad de Estonia (VAPS), presentó en el parlamento un proyecto de enmienda a la Constitución para que se creara la figura del Jefe del Estado, convirtiendo a Estonia en una república presidencialista. En octubre de ese año se celebró un referendum que aprobó las enmiendas constitucionales presentadas por el VAPS.

La nueva Constitución reduciría el Parlamento (*Riigikogu*) a 50 miembros, y mantendría todas las libertades civiles y políticas anteriores, entrando en vigor el 24 de enero de 1934. Se debería elegir a un Jefe de Estado directamente por los estonios, mediante elecciones, aunque hasta la celebración de éstas, el jefe del gobierno, Konstantin Päts, ocuparía el puesto de Jefe del Estado de manera interina.

Ante el temor de que el candidato del VAPS, el general Andres Larka, obtuviera la mayoría de los sufragios en las elecciones, convocadas para los días 22 y 23 de abril de 1934, los otros tres candidatos que se presentaban a dichos comicios –Päts, Laidoner y el jefe del partido socialdemócrata, August Rei–, prepararon un golpe de estado.

El 12 de marzo de 1934, los cadetes armados de la Academia Militar tomaron el control de Tallin y las fuerzas policiales detuvieron a varios cientos de líderes del VAPS. El Primer Ministro, Päts, decidió establecer el «estado de emergencia» en todo el país durante seis meses, decidiendo clausurar la Asociación de Luchadores por la Libertad y prohibir sus reuniones y actividades. Mediante un decreto de 19 de marzo, las elecciones al parlamento y a Jefe de Estado fueron suspendidas y pospuestas *sine die*. Estas elecciones jamás se celebrarían en Estonia, entrando el país en un período de gobierno autoritario de Konstantin Päts, que se prolongaría durante seis años, hasta 1940.

Arriba. Emblema del movimiento VAPS de Luchadores por la Libertad de Estonia. .

Abajo. El general Andres Larka, candidato del movimiento VAPS a Presidente de la República de Estonia en las elecciones de abril de 1934, que nunca se llegarían a celebrar.

Con la firma del pacto Ribbentropp-Molotov, rubricado en Moscú en 23 de agosto de 1939, el futuro próximo de la joven república de Estonia quedaría sellado, permaneciendo en el área de influencia de la URSS.

Tras el ataque alemán a Polonia, el 1 de septiembre de 1939, y la agresión soviética al mismo país, 17 días después, comenzaba la Segunda Guerra Mundial. El día 14, el submarino polaco *Orzel* se refugiaba en Tallin, cuestión que los soviéticos convirtieron en *casus belli* contra Estonia, exigiendo la firma por parte de las autoridades estonias de un pacto de asistencia mutua –igual que hizo con Letonia, y más tarde con Lituania–. El acuerdo se firmaría el 28 de septiembre.

En este acuerdo se autorizaba la presencia de tropas soviéticas en territorio estonio, incluyendo buques de su armada, en las bases de Saarema, Hiiumaa y Paldiski. 25 000 soldados rusos llegaron a Estonia en las siguientes jornadas.

Tras una depurada preparación, el 14 de junio de 1940, la URSS iniciaba un bloqueo aéreo y naval de los tres países bálticos. Dos días después, el 16, Moscú lanzaba un ultimatum a Estonia, exigiendo el cumplimiento de los acuerdos mutuos firmados el año anterior y la formación de un nuevo gobierno que cumpliera los citados acuerdos.

Firma en Moscú del Pacto de no agresión germano-soviético, el 23 de agosto de 1939. Ribbentropp y Molotov estamparon su firma en el documento. En la imagen, el ministro de Exteriores germano en el momento de firmar el memorandum.

EL ACUERDO DE ASISTENCIA MUTUA CON LA URSS

Firmado el pacto germano-soviético de agosto de 1939, las repúblicas bálticas de Estonia, Letonia y Lituania quedaron en la zona de influencia de la URSS, tal y como quedó recogido en el protocolo adicional secreto del Acuerdo. A finales de septiembre de 1939, grandes unidades militares soviéticas se acercaron a la frontera estonia. El gobierno soviético dio un ultimátum exigiendo que Estonia aceptara el establecimiento de bases militares soviéticas en su territorio. Temiendo el estallido de la guerra y esperando que se cumplieran las garantías ofrecidas por la URSS, incluida la promesa de no interferir en los asuntos internos del país, el presidente Konstantin Päts y el gobierno estonio aceptaron el ultimátum. El 28 de septiembre de 1939 se firmó el Pacto de Asistencia Mutua o «Acuerdo de bases» entre la República de Estonia y la Unión Soviética, en el que se acordaba instalar varias bases militares en Estonia. Los primeros 25 000 soldados del Ejército Rojo se aposentaron en el territorio de la República de Estonia a principios de octubre. Al mismo tiempo que en Estonia, la Unión Soviética tuvo la oportunidad de establecer bases en Letonia y Lituania, en ambos casos bajo la amenaza de un ultimátum, igual que ocurrió en Estonia. Stalin utilizó las bases establecidas en Estonia, entre otras cosas, para atacar Finlandia durante la Guerra de Invierno. A principios de 1940 ya había más de 40 000 soldados del Ejército Rojo en Estonia. Unidades aún mayores se reunieron cerca de las fronteras. En la prensa soviética comenzó una campaña contra Estonia.

El general Johan Laidoner (izquierda) y el primer ministro de Estonia, Konstantin Päts (derecha). Ambos fueron deportados al sistema carcelario de la URSS y ambos morirían en él, años más tarde.

En la madrugada del día 17, aprovechando las espectaculares victorias alemanas en la Campaña de Francia, más de 100 000 soldados soviéticos ocupaban Estonia, organizando un gobierno títere de Moscú, que solicitaría sin dilación su unión a la URSS como República Socialista Soviética de Estonia. Se trataba de seis divisiones de fusileros, una brigada de tanques y unidades navales y aéreas, que irrumpieron en territorio estonio, cruzando las fronteras con la república báltica, aceptada su presencia por el propio jefe de las Fuerzas Armadas estonias, Johan Laidoner. Los rusos tomaron el control de nudos ferroviarios, puertos, aeropuertos, centros de comunicaciones y edificios gubernamentales.

Al día siguiente llegaba a Tallin el representante de Stalin, Andrei Zhdanov, para tomar el control político de la situación en Estonia.

A estos acontecimientos siguió una destrucción sistemática y planificada del estado estonio, practicando las autoridades de ocupación arrestos masivos, nacionalizando empresas, cerrando asociaciones cívicas y persiguiendo a destacados personajes de la cultura y la política estonia. La represión soviética alcanzó a numerosas personalidades estonias, incluyendo al primer ministro Päts y al jefe del ejército, Laidoner, quieres fueron deportados a la URSS y morirían en sus cárceles años después.

LA OCUPACIÓN SOVIÉTICA DE ESTONIA

Stalin junto a Andrei Zhdanov

El 9 de junio de 1940, el Comisario del Pueblo de Defensa de la Unión Soviética, Semion Timoshenko, emitió la directiva nº 02622, por la que se ordenaba a la Flota Roja del Báltico y al Distrito Militar de Leningrado iniciar los preparativos para la invasión de Estonia. A mediados de junio de 1940, un gran contingente militar que incluía 435 000 hombres, 3000 tanques 8000 piezas de artillería y más de 500 blindados, estaba concentrado en las fronteras de las repúblicas bálticas, esperando la orden de ataque. Los soviéticos hicieron preparativos para recibir entre 50 000 y 70 000 prisioneros. El 12 de junio los soviets habían ocupado la pequeña isla estonia de Naissaar y dos días más tarde se produjo un bloqueo marítimo y aéreo del país. En la tarde del 16 de junio, el embajador estonio en Moscú, August Rei, fue convocado por Molotov —ministro de Exteriores soviético—, quien le acusó de participar en una alianza con las otras repúblicas bálticas contra la URSS, amenazando su seguridad. El propio Molotov presentó un ultimátum a Estonia, exigiendo un nuevo gobierno «amigo de la URSS» y el despliegue de tropas adicionales del Ejército Rojo en el territorio de Estonia. La situación era desesperada y una hora antes de vencer el plazo dado por los rusos —las 24.00 h de esa misma noche—, el gobierno estonio decidió aceptar el ultimátum. A las 05.00 h del día 17, el Ejército Rojo cruzaba las fronteras de Estonia, dando comienzo la ocupación militar. En la mañana del 17 de junio, el general Laidoner se apresuró a llegar a Narva, donde firmó un acuerdo con el mando soviético. Según éste, los civiles de la Liga de Defensa tuvieron que entregar sus armas y se prohibieron las manifestaciones públi-cas. Estaba prohibido fotografiar y filmar en exteriores. Ese mismo día, Molotov informó a la embajada de Tallin que el enviado especial de Stalin, Andrei Zhdanov, llegaría a Estonia el 19 de junio. Su tarea era establecer una ocupación civil y, con este fin, organizar un «golpe de Estado» para llegar a imponer el régimen soviético. El día de su llegada se reunió con el presidente Päts, cuyo candidato recomendado para primer ministro no lo aceptó. El candidato de Moscú era un médico y poeta de izquierdas, llamado Johannes Vares —alias «Barbarus Vares»— quien a la postre sería nombrado primer ministro. El embajador de la Unión Soviética en Estonia, escribió de Vares en su diario : «Cuando habla, da la impresión de ser una persona muy culta, que simpatiza con la URSS, pero también es tímida, modesta, que tiene miedo de empezar a trabajar en esta gran obra con sus limitadas fuerzas, teme no poder afrontarlo y, por tanto, no justificará la confianza que en él se ha depositado». El resto de miembros del gobierno estaban ya pensados por los soviéticos el 19 de junio y la lista se presentaría el día 21, según órdenes de Moscú, quien también había previsto organizar manifestaciones de apoyo. El 5 de julio de 1940 el nuevo gobierno celebró una sesión en la que se decidió disolver ambas cámaras del Parlamento y convocar elecciones. Los días 14 y 15 de julio tuvieron lugar dichas elecciones, y en ellas fueron elegidos 80 candidatos del llamado Sindicato de los Trabajadores (comunistas), que correspondía al 100% de los presentados. Ninguna otra lista obtuvo representación. El 21 de julio el Consejo de Estado recién elegido declaró a Estonia como una «república socialista soviética», solicitando al día siguiente su aceptación en la URSS, donde sería admitida el 6 de agosto, con el nombre de República Socialista Soviética de Estonia. El ejército de Estonia se transformó en el 22º Cuerpo Territorial de Fusileros del Ejército Rojo.

Página siguiente, arriba.
Blindados soviéticos BA-32 y FA-1 en las calles de Tallin, protegiendo una manifestación de comunistas estonios. El régimen soviético estonio no era muy popular entre la población báltica.

Durante el período de sovietización –un año, aproximadamente– se formó una tupida red de órganos represivos en la que ya se denominaba oficialmente República Socialista Soviética de Estonia: el grupo operativo de la Administración Principal de Seguridad del Estado del Comisariado del Pueblo de Asuntos Internos de la URSS en Estonia, el Departamento de Seguridad del Estado de la República Socialista Soviética de Estonia, varios departamentos de contrainteligencia, varios departamentos políticos secretos, varios departamentos especiales y el llamado 3º Departamento del Ejército Rojo, además de las denominadas «*Troikas*» y tribunales militares. Entre el otoño de 1940 y los comienzos de la primavera de 1941, se crearon en Estonia 21 departamentos especiales, diferentes unidades y varias compañías de milicianos.

En junio de 1941 ocurriría la primera deportación masiva de la élite cultural, militar, económica y política de Estonia. Autoridades represivas del NKVD arrestarían a 3173 hombres en Estonia y a sus familias –otras 5978 personas– y los evacuarían a los campos de concentración de Siberia –el gulag–, donde más de 6000 morirían en los años posteriores.

LOS BATALLONES DE DESTRUCCIÓN EN ESTONIA

El 25 de junio de 1941 se empezaron a organizar en Estonia los llamados Batallones de Destrucción (también denominados «de exterminio»), que eran unidades de seguridad interna subordinadas a la NKVD. Se formaron en un primer momento 13 batallones en varios de los condados estonios para luchar contra los saboteadores y los «Hermanos del Bosque». A finales de junio los batallones de destrucción contaban con unos 6000 hombres, un tercio de los cuales estaban en la capital. Los batallones estaban formados por comunistas y activistas sindicales en una pequeña proporción, siendo la mayoría de sus miembros, expresidiarios estonios –ladrones, asesinos, asaltantes, etc...– que habían sido rehabilitados y liberados de las prisiones por el Presidium del Consejo Supremo de la República Socialista Soviética de Estonia en junio de 1941. El comandante del grupo de batallones era el general de división del NKVD Konstantin Rakutin, aunque su dirección operativa la llevaba el teniente coronel

General de división Grigori Okojev

Capitán Mikhail Pasternak

Grigori Okojev. Sobre el terreno, los batallones de exterminio fueron dirigidos por el capitán Mikhail Pasternak. Antes de la ocupación alemana de Estonia se llegaron a formar 27 batallones de destrucción, además de dos escuadrones de milicias, dos de ferroviarios, dos de trenes blindados, tres regimientos de trabajadores y un equipo de trabajadores marítimos del lago Peipus, sumando, en conjunto, más de 10 000 hombres. Se desplegaron en la retaguardia y aplicaron las tácticas de «tierra quemada», requisa de ganado y vehículos, destrucción de cultivos, combustible, ganado, etc... «*En cada pueblo y asentamiento, el batallón de destrucción tiene otras tareas además de destruir directamente al enemigo. Los provocadores que trafican rumores y pánico deben identificarse con el ruido bolchevique. Todo aquel que directa o indirectamente ayude al enemigo, debe ser destruido y neutralizado*». Se contabilizaron 1850 estonios muertos por los batallones de destrucción, casi todos civiles que fueron asesinados sin juicio.

La fortaleza de Pedro «El Grande»

En la Guerra Ruso-Japonesa, Rusia perdió las flotas del Pacífico y del Báltico, enviada ésta última para ayudar en la Batalla Naval de Tsushima. Además de la vergüenza que provocó la ineptitud de los mandos militares y la inferioridad frente a los japoneses, aumentó la amenaza de ataque en el Mar Báltico. Aunque la *Hochseeflotte* alemana no estaba destinada a luchar contra Rusia, sino a competir con el Imperio Británico, las debilitadas defensas marítimas de San Petersburgo y de la costa del Báltico preocuparon mucho a los rusos. En 1912 se colocó la primera piedra de la fortaleza marítima denominada «Pedro el Grande», que se extendía desde el extremo norte de la isla estonia de Hiiumaa y la península de Hanko, hasta San Petersburgo. Estonia sería el sector sur de la defensa y en Tallin se construiría una magnífica base naval, denominada también «Pedro el Grande». Cinco años más tarde las aguas del golfo de Finlandia, las islas de Estonia occidental y el golfo de Livonia estaban protegidas por poderosas baterías de artillería –costera y antiaérea–, así como campos minados, refugios, trincheras defensivas, vías de ferrocarril, carreteras, puentes, arsenales, almacenes, etc..., así como por una flota de apoyo y submarinos. Paralelamente, se construyó una nueva flota del Báltico, parte de ella en los astilleros de Tallin. En octubre de 1917, los alemanes desembarcaron en Saaremaa, con una fuerza naval muy numerosa. Antes de la invasión alemana, las baterías fueron parcialmente voladas, los cuarteles quemados y un gran número de edificios, destruidos, evacuando parte del material a Rusia.

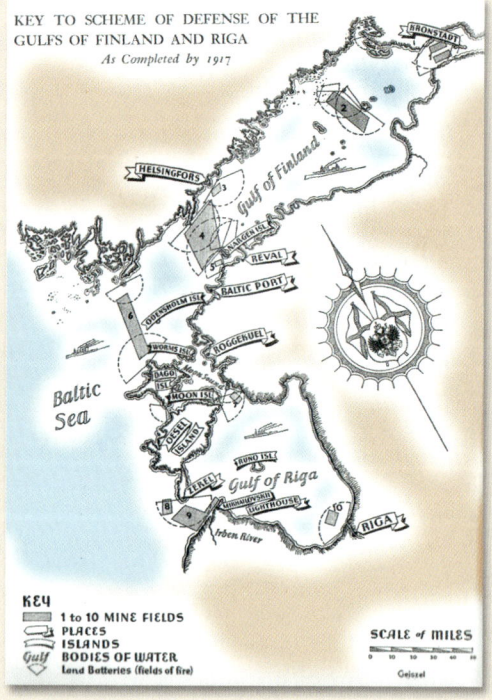

Operación «Barbarroja»

El 22 de junio de 1941, los alemanes lanzaron una ofensiva contra el Ejército Rojo concentrado en la frontera occidental de la URSS. El Grupo de Ejércitos «Norte» (mariscal de campo Wilhelm Ritter von Leeb) in-

vadió la región báltica con 20 divisiones de infantería, tres motorizadas y tres blindadas. El Ejército Báltico (mariscal Klement Voroshilov) tenía en aquel momento 19 divisiones de infantería, siete de caballería y cinco brigadas blindadas en los estados bálticos ocupados por el Ejército Rojo. Después de la captura de Riga, el 18º Ejército alemán avanzó rápidamente hacia el norte, cruzando la frontera sur de Estonia. Los restos del 8º Ejército soviético (general Lyubovtsev), ubicado en Letonia, se retiraron presa del pánico frente a dos cuerpos de ejército alemanes.

Las tropas alemanas de la 61ª División de Infantería (integrada en el XXVI Cuerpo de Ejército) cruzaron la frontera de Estonia, por el sur, el 6 de julio de 1941, tomando el día 8 la ciudad de Viljandi –al noreste– y alcanzando ese mismo día los suburbios de la importante ciudad de Pärnu, desde donde continuaron su avance hacia el norte en las jornadas posteriores, alcanzando el 13 de julio las poblaciones de Virsu, Lihula y Marjamaa, esta última, tan solo a 60 kilómetros al sur de Tallin.

ДА ЗДРАВСТВУЕТ РАБОЧЕ-КРЕСТЬЯНСКАЯ КРАСНАЯ АРМИЯ — ВЕРНЫЙ СТРАЖ СОВЕТСКИХ ГРАНИЦ!

Arriba. Cartel soviético en el que se quieren resaltar las glorias del Ejército Rojo, con Stalin y Voroshilov delante de una bandera roja de la revolución, y abajo un desfile militar por la Plaza Roja de Moscú, resaltando, en primer plano, un carro de combate pesado.

Por el este de Estonia los soviéticos se replegaron hacia Tartu en esas mismas fechas, siendo las unidades partisanas de «Hermanos del Bosque» convertidas en «Fuerzas de Autodefensa» (*Omakaitse* en estonio), las encargadas de tomar militarmente la ciudad de Tartu –la segunda del país–, llegando a dominarla entre los días 10 y 11 de julio. En diversos municipios de la zona liberada los alemanes pusieron en marcha varias unidades de autodefensa de los «Hermanos del Bosque», facilitando el rápido avance de las divisiones alemanas en el sur de Estonia con la ayuda de estas unidades irregulares estonias.

Abajo. Brazalete de la milicia «Omakaitse», constituida en Fuerzas de Autodefensa de Estonia, tras la ocupación alemana.

Harjumaa Omakaitse
Selbstschutz im Kreise Harju
4176

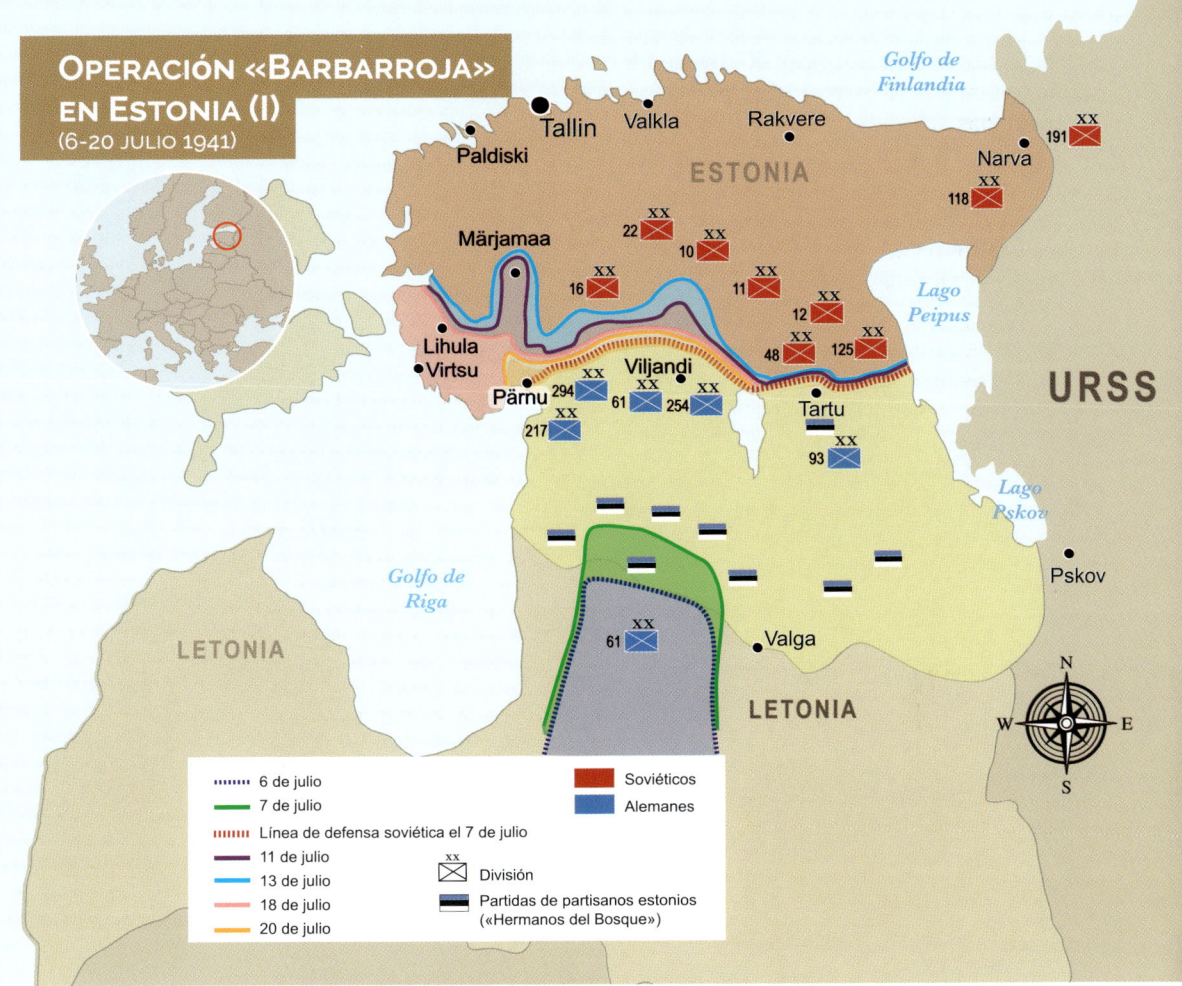

Operación «Barbarroja» en Estonia (I) (6-20 julio 1941)

El día 15 de julio de 1941 las tropas soviéticas contraatacaron en el saliente de Marjamaa, haciendo retroceder a los alemanes, que en los días siguientes perdieron las tres poblaciones recién capturadas y se retiraron a Pärnu. El 24 de julio varias unidades de las divisiones de infantería alemanas 254ª, 61ª y 93ª rompieron el frente en Poltsamaa, al norte de Tartu, en dirección al lago Peipus, girando luego hacia el norte, con el fin de avanzar hacia el Golfo de Finlandia, para cortar la retirada de las unidades del Ejército Rojo situadas en el oeste de Estonia y la llegada de suministros a Tallin, y después, avanzar desde el sur y el este, hacia la capital estonia.

A finales de julio se reorganizaron las fuerzas alemanas, pasando las divisiones 61ª y 217ª al XLII Cuerpo de Ejército. Desde el 5 de agosto las divisiones 291ª, 254ª y 93ª quedaron subordinadas al XXVI Cuerpo de Ejército. Al XLII Cuerpo de Ejército alemán se le asignó la toma de Tallin y al XXVI, la captura de Rakvere y Narva. La 1ª Flota Aérea de la *Luftwaffe* debía destruir el cuartel general del 8º Ejército soviético, cerca de Rakvere, así como las vías férreas y carreteras de Virumaa.

El 4 de agosto, un regimiento de la 254ª División de Infantería tomaba la ciudad de Tapa, continuando el avance en los siguientes días en dirección a la ciudad costera de Kunda, alcanzando ésta el día 8, con lo que se cerraba la posibilidad de que los soviéticos enviaran más suministros a Tallin por el corredor norte de Estonia. En esta operación participaron las tres divisiones alemanas del XXVI Cuerpo de Ejército, que seguirían presionando a las unidades soviéticas hacia el este, ocupando Narva, última ciudad estonia antes de la frontera con Rusia, el 17 de agosto, operación en la que se capturaron más de 6000 prisioneros. El 8º Ejército ruso quedó partido por la mitad y muy reducido en efectivos.

El contraataque del 10º Cuerpo de Fusileros soviético para restablecer la situación fracasó, retirándose hacia Tallin, donde quedarían más de 70 000 hombres embolsados, incluyendo a los marinos de la Flota del Báltico.

Un ataque simultáneo desde el sureste por parte de las divisiones alemanas 61ª y 217ª, presionó a los soviéticos en dirección a Tallin, ensanchando el territorio costero dominado por la *Wehrmacht* y marcando el objetivo principal del ataque alemán, ahora ya sí, directamente hacia la capital estonia.

Dado que el 8º Ejército soviético quedó muy mermado, las fuerzas que permanecieron en el área de Tallin quedaron subordinadas al comandante de la Flota del Báltico, el vicealmirante Vladimir Tributs. Los habitantes de Tallin se vieron obligados a construir posiciones defensivas para proteger la capital frente a los alemanes, estableciéndose tres zonas de protección alrededor de la ciudad.

La unidad más grande que defendió Tallin fue el 10º Cuerpo de Fusileros del 8º Ejército soviético, al mando del general Nikolaev, dotado de unos 11 000 hombres. El Cuerpo de Ejército integraba la 22ª División de Fusileros (motorizada) y la 10ª División de Fusileros, unidad esta última que incluía el 1º Regimiento de Fusileros Letones. También quedaron en Tallin, aunque pertenecían a la 16ª División de Fusileros, el 156º Regimiento y dos grupos de artillería; el resto de la 16.ª División se retiró en dirección a Narva y no participó en la defensa de Tallin.

OPERACIÓN «BARBARROJA» EN ESTONIA (III)
(17 AGOSTO - 1 SEPTIEMBRE 1941)

Golfo de Finlandia

Kunda

Valkla

Tallin

Paldiski

Rakvere

Narva

ESTONIA

Tapa

Märjamaa

Väike-Maarja

Mustvee

Lago Peipus

URSS

Lihula

Paide

Turi

Jögava

Virtsu

Pärnu

Viljandi

Tartu

N · W · E · S

Lago Pskov

▪▪▪▪▪ Líneas de defensa de Tallin
— 17 de agosto   — 25 de agosto
— 23 de agosto   — 27 de agosto

Golfo de Riga

Pskov

Valga

LETONIA

La 1ª Brigada Especial de Infantería de Marina, con más de 2500 hombres, también se había concentrado en Tallin, procedente del oeste del país. Además, el 8º Batallón de la Guardia de Fronteras y siete batallones de destrucción, dependientes todos ellos del NKVD, permanecieron en en la capital estonia.

El 20 de agosto comenzaba la batalla por la capital, avanzando dos divisiones alemanes –la 61ª y la 254ª– desde el este, apoyadas desde el sur por la 217ª División y un regimiento de la 291ª División. Tras ocho días de combates, las tropas germanas dominaron totalmente la capital estonia el 28 de agosto, huyendo por mar una parte importante de los defensores, que recalaron en Leningrado después de una travesía por el Báltico de dos jornadas, en la que perdieron numerosos buques en las zonas minadas y por acciones de la aviación alemana.

El 1 de septiembre se daban por finalizadas las operaciones en el territorio de Estonia continental, permaneciendo las islas en manos de los soviéticos durante tres meses más. En este mismo mes de septiembre, la 61ª División de infantería tomaba las islas de Vormsi, Muhu y casi toda la gran isla de Saaremaa, siendo en octubre cuando cayeron Hiiumaa y otras pequeñas islas cercanas.

El 6 de diciembre de 1941, todo el territorio de Estonia quedó bajo el control del ejército alemán, siendo la pequeña isla de Osmussaare –situada en el Golfo de Finlandia– el último palmo de tierra estonia que se conquistó.

Vicealmirante Vladimir Tributs. Era el jefe de la Flota del Báltico, destacada en Tallin. Sobre él cayó la responsabilidad de preparar y ejecutar la evacuación hacia Leningrado.

La guerra suele desarrollarse de manera diferente a lo planeado y a pesar del éxito de la *Wehrmacht* en las primeras semanas de la guerra germano-soviética, la resistencia del Ejército Rojo en

MAJOR FRIEDRICH KURG

Friedrich Kurg nació el 10 de enero de 1898 en el municipio de Sangaste en el condado de Tartu (en la actualidad Valgamaa). Estudió en la escuela real de San Petersburgo. El 29 de octubre de 1917 se graduó del curso de suboficiales en la Escuela Vladimir. El 30 de noviembre de 1918 se incorporó voluntariamente al 2º Escuadrón del 1º Regimiento de Caballería. En la Batalla de Munamäe, en la Guerra de Independencia de Estonia, destacó por su valentía personal, por lo que recibió

la Cruz de la Libertad. En noviembre de 1919, Kurg fue enviado a la Escuela Militar y un año después, fue promovido oficial de Caballería. El 30 de agosto de 1923 reanudó sus estudios en la escuela militar en los cursos de actualización de oficiales del ejército regular, siendo ascendido a segundo teniente. Después de completar los cursos, regresó al regimiento de caballería y ascendió a primer teniente y en 1933 a capitán. El 24 de febrero de 1940 fue ascendido a mayor. El 14 de julio de 1941 fue nombrado líder general de los partisanos de los territorios estonios liberados y en noviembre de ese mismo año se convirtió en comandante del batallón de retaguardia de voluntarios estonios. Al mando del 37º Batallón de Policía, los alemanes le concedieron las Medallas al Valor de Oro, Plata y Bronce, la Cruz de Hierro de Primera y Segunda Clase y la Insignia de Asalto de Infantería. En julio de 1944, fue nombrado comandante del II Batallón del 46º Regimiento de la 20ª División SS de Estonia. El 22 de septiembre de 1944, tras la ocupación soviética, el mayor Kurg pasaría a la clandestinidad, convirtiéndose en «Hermano del Bosque». Murió el 31 de julio de 1945, en una redada de la NKVD.

La «Guerra de Verano» de los «Hermanos del Bosque»

En el verano de 1940, la Unión Soviética ocupó la República de Estonia. El 14 de junio de 1941, aproximadamente 10 000 hombres, mujeres y niños estonios fueron deportados a Siberia, en la URSS. La mayoría de los hombres fueron enviados a campos de prisioneros del Gulag, mientras que las mujeres y los niños fueron sometidos a reasentamiento forzoso. La guerra entre la URSS y Alemania, que comenzó el 22 de junio de 1941, provocó una revuelta espontánea contra las autoridades soviéticas. En medio del continuo terror soviético, Alemania, que hasta entonces había sido el enemigo histórico de los estonios, fue percibida como un país libertador. Muchos estonios se escondieron en los bosques y formaron grupos partisanos armados, conocidos como «Hermanos del Bosque»; los ataques a la retaguardia del Ejército Rojo socavaron su moral. Destruyeron puentes y líneas de comunicación y atacaron a unidades ligeras dispersas, así como a representantes del gobierno y de las instituciones soviéticas. Incluso muchos municipios y aldeas pequeñas fueron tomadas antes de que llegaran las tropas alemanas, expulsando a los comunistas. Los «Hermanos del Bosque» actuaron como guías, espías e intérpretes en apoyo a las unidades del ejército alemán. Miles de estonios lucharon como «Hermanos del Bosque», algunos de ellos integrados en compañías y batallones estonios que se formaron en el seno de las divisiones alemanas que avanzaban hacia el norte. Citando

algunas de las unidades más importantes, la compañía –después batallón– «Hirvelaane», a las órdenes del *major* Hans Hirvelaane, integrada en el 389º Regimiento de Infantería, de la 217ª División; o la compañía «Talpak», mandada por el capitán Karl Talpak, primera unidad de autodefensa estonia que llegó para la ocupación de Tartu. Para Alemania, el conflicto era una guerra alemana en el frente oriental, y por lo tanto, los voluntarios locales que les apoyaron no fueron reconocidos como aliados cuando finalizó la ocupación total del territorio estonio y se disolvieron después de la toma de poder alemana. Las unidades de los «Hermanos del Bosque» formaron la *Omakaitse* (Guardia Nacional), una especie de fuerzas de autodefensa o policía auxiliar. Su tarea era mantener el orden en Estonia, tanto en la retaguardia alemana como después de que Estonia fuera ocupada totalmente por los alemanes y se formara el gobierno civil de ocupación.

dirección a Leningrado fue más tenaz de lo que esperaba el mando alemán. Esto se debió, entre otras razones, a la necesidad de proteger la flota soviética y sus importantes bases en territorio estonio y mantener los buques alemanes alejados lo más posible del Golfo de Finlandia. Por eso la resistencia del Ejército Rojo en el norte de Estonia fue mucho más dura que en Lituania y Letonia e, incluso, que en el sur de la propia Estonia.

Las operaciones del ejército alemán para tomar la capital estonia dieron comienzo el 7 de agosto de 1941, cuando las tropas teutonas tomaron la población costera de Kunda –a medio camino entre Narva y Tallin), alcanzando el Golfo de Finlandia. De esta manera, una parte del ejército soviético quedó embolsada en la zona occidental de Estonia. Desde entonces el avance germano hacia la capital fue lento pero inexorable, llegando el día 20 de agosto a los suburbios de Tallin. A principios de agosto se habían formado tres unidades con hombres procedentes del ejército regular estonio, que fueron autorizadas por los jefes alemanes de primera línea y que participaron en el ataque a Tallin, apoyando a los grupos de fuerzas alemanas del sur y del sureste. Un gran número de voluntarios se unieron directamente a las unidades militares alemanas en el sur de Estonia para participar en la guerra hasta que el Ejército Rojo fuera expulsado del territorio estonio (había entre 100 y 150 estonios en algunos regimientos alemanes). A las 03.00 h. de la madrugada del día 20 de agosto, la 254ª División de infantería atacó la capital desde la carretera de Narva, al este. Simultaneamente, la 61ª División de Infantería atacó desde el sureste, por la carretera que unía la capital con la ciudad de Tartu y la 217ª División de Infantería, lo hizo también desde el sur. El día 22 los alemanes ya habían tomado Maardu, y los rusos, siendo conscientes de la grave amenaza, concentraron en este sector las fuerzas más importantes para la defensa de Tallin, logrando detener a los alemanes. Defendían la capital estonia fuerzas del 10º Cuerpo de Fusileros y la 22ª División del NKVD, reforzadas por más de 10 000 marineros de la flota en misión de infantería, pese a que su valor como fuerza de choque fuera mínimo. Completaban la defensa unos 4000 hombres de milicias, comunistas estonios y letones, que se unieron a la defensa. Tras varios días de combates, el 26 de agosto Moscú autorizó a los

Tallin ardiendo el 28 de agosto de 1941.

defensores de la ciudad, huír de la misma aplicando el concepto estalinista de «tierra quemada». Hombres de la NKVD, del Ejército Rojo y de la flota del Báltico comenzaron a destruir edificios e infraestructuras en Tallin. Los alemanes vieron como la ciudad comenzaba a arder tras numerosas explosiones. La flota soviética comenzó a evacuar Tallin. Durante todo el día 27 hubo combates y la 61ª División de Infantería lanzó un ataque hacia el centro de la ciudad, aunque la defensiva rusa hizo imposible la penetración. El día 28 a las 08.00 h., el 151º Regimiento de Infantería lograba entrar en el centro de Tallin, alcanzando a las 13.00 h., la zona del mercado y el Teatro Nacional. A las 16.00 h. ondeaban ya en Tallin las banderas alemana y estonia. La población recibió a las tropas del III Reich con entusiasmo por todas partes. Los nueve días que duró la batalla de Tallin, los soviéticos perdieron unos 8500 hombres, resultando heridos unos 28 000. Los alemanes oficialmente tuvieron 871 muertos y 3282 heridos. Hubo también varios centenares de bajas estonias

Arriba y abajo. Dos vistas de las tropas alemanas en la ocupación de Tallin. Ambas imágenes se tomaron en el entorno de la catedral ortodoxa rusa «Alexander Nevski», la superior, en la puerta oeste y la inferior, en la puerta norte.

Arriba, izquierda. Un semioruga alemán dotado de un cañón Flak 30, de 20 mm, en los arrabales de Tallin.

Arriba, derecha. Dos soldados alemanes se disponen a almorzar delante de su camión. Por la pizarra y las inscripciones que en ella aparecen sabemos que están en Viljandi (en alemán, Fellin) Estonia, en agosto de 1941.

Centro. 28 de agosto de 1941. Los prisioneros rusos capturados en Tallin son conducidos por las calles de la ciudad, desarmados

Derecha. Las tropas alemanas que avanzaban sobre la capital de Estonia, sufrieron el fuego de un tren blindado construido en los astilleros de Tallin..

Evacuación soviética de Tallin. El desastre de Juminda

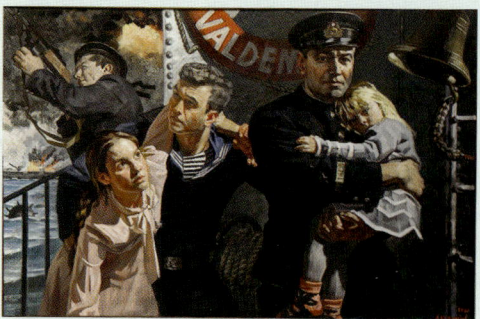

La evacuación de Tallin fue una operación de la Flota soviética del Báltico, al mando del vicealmirante Vladimir Tributs, para salvar buques, hombres y equipo, ante el avance alemán y la previsible caída en su poder de la capital de Estonia. Antes del comienzo de los combates terrestres en Estonia, la *Kriegsmarine* alemana y la fuerza naval finlandesa, colocaron barreras de minas en aguas del golfo de Finlandia, para limitar la libertad de movimientos de los buques soviéticos de la flota del Báltico. Cuando las unidades terrestres alemanas alcanzaron el golfo de Finlandia –dividiendo Estonia en dos–, instalaron baterías de artillería en la zona de la península de Juminda, 44 kilómetros al este de Tallin. El 26 de agosto de 1941, el mariscal Voroshilov daba permiso a Tributs para evacuar la flota y los soviéticos comenzaron una planificación frenética para la salida de Tallin de más de 200 barcos y 40 000 militares y civiles. Los barcos eran una mezcla de navíos de guerra y mercantes de transporte, que variaban en tamaño: desde enormes buques civiles de pasaje, hasta el crucero pesado *Kirov*, destructores, submarinos, remolcadores, dragaminas... De las tres rutas posibles para la retirada de la flota por el Golfo de Finlandia, en dirección a Kronstadt, se autorizó la intermedia, desechando las que discurrían próximas a la costa estonia y finlandesa, ruta peligrosísima pues estaba totalmente sembrada de minas alemanas y finesas. La falta crónica de buques de apoyo de la marina soviética hizo que únicamente estuvieran disponibles 10 dragaminas, que fueron complementados con otros 30 pequeños buques en misión de detección de la peligrosas y abundantes minas. Los convoyes civiles y militares debían salir de Tallin según un calendario escalonado, desarrollando un cronograma para permitir que los barcos atravesaran los campos minados durante las horas del día. Los transportes civiles se dividieron en cuatro convoyes, cada uno de ellos custodiado por diversos buques de guerra ligeros, al frente de los cuales se colocaron los dragaminas de arrastre más antiguos. La fuerza naval se dividió en tres elementos: la fuerza principal, la fuerza de cobertura y la retaguardia. A los diez dragaminas modernos se les asignó la tarea de conducir la fuerza principal y la de cobertura. Todo estaba planificado para iniciar el embarque de forma ordenada, e ir llenando los barcos, pero el caos en la defensa, los bombardeos alemanes, que alcanzaban ya el puerto, y la percepción de las tropas de que serían sacrificadas en una defensa inútil, mientras

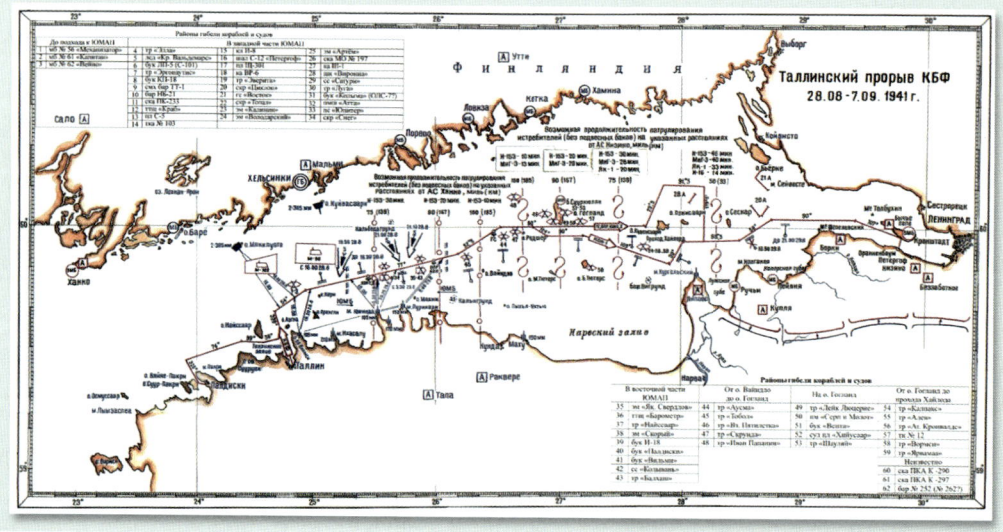

el resto abandonaba Tallin en dirección a Leningrado, hizo que todo el operativo colapsara, llegando a salir buques medio vacíos y otros abarrotados. Unos 23 000 hombres, mujeres y niños, además de los soldados del 10º Cuerpo de Fusileros y las propias dotaciones de los buques, lograron salir del puerto de Tallin en la noche del 27 de agosto. En aquellos momentos, según relata el vicealmirante Tributs en sus memorias: «La ciudad entera parecía envuelta en llamas; ardiendo y explotando». Una vez todos los buques estuvieron concentrados fuera del puerto de Tallin, el primer convoy zarpó al mediodía del 28 de agosto, con un retraso de 12 horas sobre el horario previsto. El escuadrón de retaguardia salía a eso de las 20.15 h. Debido a la labor de los dragaminas, la velocidad de los convoyes no superaba los 10 nudos. Pese a algún incidente con minas sueltas, la primera parte del trayecto fue tranquila, aunque a las 17.00 h del día 28, al llegar a la altura de la península de Juminda —donde estaba el principal campo minado—, se desataría la tragedia. En la cabeza del primer convoy se produjo una terrible explosión. Se trataba del transporte *Ella*, que había chocado con una mina y se

hundió inmediatamente. Un remolcador que le seguía, abarrotado de civiles, se acercó al *Ella* y chocó con otra mina, hundiéndose también en cuestión de segundos. Los ataques de aviones de la *Luftwaffe* también causarían pérdidas en los buques soviéticos, alcanzando una bomba al buque rompehielos *Voldemars*, que se hundió con todo su pasaje. Varios buques más fueron alcanzados por los proyectiles alemanes y por las minas en el corto lapso de media hora. Una batería de costa alemana situada en la punta de Juminda también colaboró con sus disparos, aunque pronto fue acallada por el fuego de la batería principal del *Kirov*. El submarino S-5, que seguía al *Kirov*, también chocó con una mina y se fue a pique, lo mismo que el viejo destructor *Yakov Sverdlov*, y unos momentos después de él, varios barcos chocaron contra las minas, mientras los bombarderos alemanes y la artillería costera finlandesa abrían fuego. En el intento de forzar el paso, la armada soviética perdió cinco destructores, dos torpederos, una patrullera, tres cazaminas, tres submarinos, dos cañoneras, dos buques menores y 15 transportes, resultando dañados tres destructores, un cazaminas y un transporte. Algunos buques fueron presa del fuego amigo, por la inmensa tensión vivida en aquellas jornadas, y otros, por lanchas torpederas finlandesas. Durante la noche del 28 al 29, el vicealmirante Tributs ordenó detener los convoyes y la flota, evaluando los daños sufridos hasta aquel momento. La fuerza de destructores se había reducido a la mitad y la retaguardia del almirante Rall había dejado de existir; de la fuerza principal, sólo un destructor y una fragata acompañaban al *Kirov*, perdiéndose un número importante de dragaminas. Al alba del día 29 volvió a aparecer la aviación alemana y, mientras un número significativo de aviones perseguía a la fuerza principal —concentrándose especialmente en el grupo del crucero *Kirov*—, la mayoría atacó los transportes. Acosados por los bombarderos alemanes, la mayoría de los capitanes de los buques perdieron la esperanza de llegar a Kronstadt. Poco antes de las 08.00 h del día 29, el transporte *Kazajstán*, cargado con casi 5000 soldados y civi-

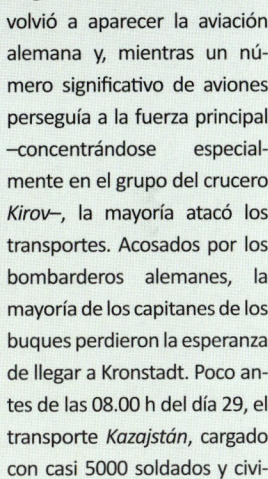

les, fue dañado por las bombas. Después de heroicos esfuerzos, la tripulación logró mantener el barco a flote. Bajo un continuo bombardeo alemán, los transportes siguieron su rumbo hacia Leningrado. A medida que pasaban las horas, las pérdidas de transportes aumentaron, hasta incluir otros 11 buques de estas características. Los acontecimientos en Tallin fueron comparables a la evacuación aliada de Dunkerque un año antes. De los 225 buques que lograron salir de Tallin, solo llegaron a su destino 163, el resto, 62, se fueron a pique. De las aproximadamente 42 000 personas que abandonaron la capital estonia en los convoyes, solo llegaron a Leningrado unas 27 000, pereciendo el resto en el trayecto. El crucero *Kirov*, buque principal de la flota, se salvó, junto con los destructores *Minsk* y *Leningrado*. Las grandes pérdidas humanas se produjeron en los buques mercantes: más de 40 de ellos, incluidos 19 grandes transportes, fueron hundidos.

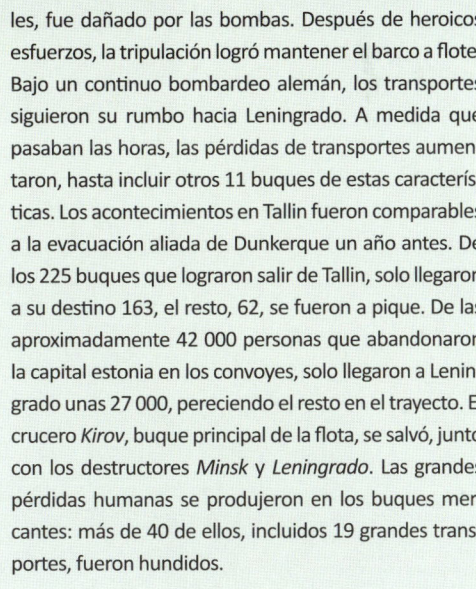

Una gran parte de los reservistas estonios fueron movilizados en el norte de Estonia y transportados por vía marítima a Rusia. Fue así por lo que en 1941, muchos más estonios que letones y lituanos, terminaron integrados en el Ejército Rojo.

Como ya hemos comentado, a finales de julio los alemanes comenzaron a reclutar voluntarios estonios que ayudaron a las unidades alemanas hasta la liberación de Tallin. A principios de agosto, en cooperación con el movimiento de autodefensa de Estonia denominado «Omakaitse», se reactivó la actividad ofensiva de los alemanes.

En estas batallas cayeron 7500 hombres del Ejército Rojo. El 28 de agosto de 1941, en la toma de la capital estonia, Tallin, fueron hechos prisioneros 11 500 hombres, rusos y estonios, capturándose más de 90 vehículos blindados y cerca de 300 cañones y morteros.

La Flota Roja del Báltico escapó de Tallin en dirección a Leningrado por el Golfo de Finlandia, con las terribles consecuencias que se han

Arriba. Milicia estonia «Omakaitse» en las calles de Tallin, recién tomada. Ondean ya las banderas alemana y estonia en las fachadas de los edificios oficiales.

Abajo. Una *Räumboot* de la 5ª Flotilla. Con estas pequeñas lanchas y tres minadores, los alemanes sembraron el Golfo de Finlandia de minas navales en agosto de 1941.

A mediados de 1939, el *Abwehr*, con el consentimiento de las autoridades finlandesas, creó una oficina en Helsinki, a la que se denominaría «*Büro Cellarius*» (apellido de su jefe, el capitán de corbeta Alexander Cellarius). La oficina se dividió en tres secciones: I (inteligencia), II (sabotaje) y III (contrainteligencia). Durante la Guerra de Invierno, lanzó operaciones contra la URSS, no sólo en el Báltico y Leningrado, sino en todo el Norte soviético. En mayo de 1941, por iniciativa de Cellarius, se formó en Helsinki el denominado «Comité de Liberación de Estonia», encabezado por Hjalmar Mäe. Entre 1940 y 1941, bajo el liderazgo del ex-agregado militar estonio en Finlandia y varios

El capitán de corbeta de la *Kriegsmarine* Alexander Cellarius

oficiales estonios, se reclutaron jóvenes estonios nacionalistas para realizar acciones de sabotaje en la retaguardia del Ejército Rojo. Con ellos se formó un grupo denominado «Erna», encabezado por un agente del *Abwehr*, ex agregado militar estonio en Francia: el coronel Henn-Ants Kurg. Se consiguió formar a 14 operadores de radio y a unos 70 saboteadores, todos ellos entrenados en un campamento de la isla finesa de Pellinki, que actuarían con uniforme finlandés. En territorio estonio actuaban ya los «Hermanos del Bosque», uno de cuyos grupos estaba al mando de un ex teniente y futuro oficial de la Legión Estonia y de la 20ª División *Waffen SS*: Alfonse Rebane. En julio de 1941, con la *Wehrmacht* en la frontera sur de Estonia, se decidió utilizar al grupo «Erna» en apoyo a la ocupación alemana del país. Fue necesario enviar efectivos al territorio, para lo que se organizó el transporte en barco desde la

Coronel estonio Henn-Ants Kurg

isla de Pellinki. Para transportar a los saboteadores a la costa de Estonia sin despertar sospechas, Cellarius ordenó el uso de pequeños barcos pesqueros, que también protegían frente a las minas magnéticas, al ser su casco de madera. Irían protegidos por torpederos alemanes y lanchas patrulleras finlandesas. Una vez en Estonia, la labor de los saboteadores sería interrumpir las comunicaciones ferroviarias entre Tallin y Narva, cortar líneas telefónicas y de telégrafo y transmitir información sobre los movimientos de las tropas soviéticas, la defensa costera, la ubicación de las unidades rojas... La operación, prevista para el 5 de julio, terminó en fracaso debido a una violenta tormenta que hizo que todos los barcos regresaran a Pellinki. Dos días después se repitió el intento al mando del coronel Kurg, pero en esta ocasión, fueron buques soviéticos los que intentaron impedirla. Algunas de las embarcaciones lograron evitar el fuego y llegaron a la costa de Estonia, donde desembarcaron no más de 40 hombres con Kurg al mando. Cellarius organizó otro envío para el 10 de julio, y también esta vez los barcos soviéticos impidieron el desarrollo normal del desembarco, consiguiendo llegar al norte de Estonia una cifra similar a la anterior. El NKVD conocía el envío de estas tropas a la retaguardia soviética, por lo que desplegó grupos móviles y destacamentos de exterminio para luchar contra ellos. Los residentes locales proporcionaron alojamiento y comida al destacamento, que se desplazó hacia el sur y se unió al grupo de Rebane, llegando a la zona del pantano de Kautla –60 km al sureste de Tallin–, donde or-

Miembros del Grupo «Erna», con uniformes finlandeses, en un bote de remos.

ganizaron un campamento, desde el cual realizaron incursiones contra las unidades de retaguardia del Ejército Rojo. El 13 de julio se envió otro grupo «Erna» por mar, aunque no pudo desembarcar. Más éxito tuvieron dos grupos lanzados en paracaídas las noches del 21 y el 22 de julio; ambos se unieron a los grupos locales de «Hermanos del bosque». El 26 de julio, 30 estonios desembarcaron en la zona de Rapla al mando del coronel Ernst-Friedrich Leithammel, que en poco tiempo logró reunir un destacamento de 180 «Hermanos del Bosque». Dos días más tarde, el 28 de julio, un grupo de estonios al mando del teniente Kurt Reinhardt, se lanzó en paracaídas en la región de Rakvere. Pese a que el 31 de julio y el 1 de agosto los soviéticos infligieron un duro castigo a los sitiados en el pantano de Kautla, causándoles 32 bajas, los estonios supervivientes resistieron y pudieron escabullirse esperando la llegada de los alemanes, que hicieron su aparición seis días después. La

Monumento en el bosque de Kautla que recuerda a los estonios masacrados por tropas del NKVD.

derrota del grupo «Erna» no significó el cese de sus acciones, aunque éstas fueron mucho más atenuadas. Con los restos del grupo «Erna» se formó un batallón adscrito al 311º Regimiento de infantería alemán, con 400 hombres adicionales, denominándose «Erna II», aunque este se disolvería el 10 de octubre de 1941. Los acontecimientos relacionados con el grupo «Erna», son un episodio menor en el contexto del conflicto en Estonia, tanto en términos de duración como de daño causado, sin embargo es muy interesante constatar que a este grupo se unieron hombres comprometidos, que hicieron de la lucha contra la Unión Soviética el objetivo de sus vidas. Para las inteligencias militares alemana y finlandesa, eran conocedores el terreno y las condiciones de vida del lugar, y por lo tanto podían proporcionar la información necesaria desde la retaguardia soviética. Era un recurso valioso que serviría bien a sus fines en la batalla por Tallin.

visto anteriormente a su paso por la zona de Juminda. El líder de la flotilla de minadores alemana, el capitán de corbeta Friedrich Brill, recibiría la Cruz de Caballero de la Cruz de Hierro por su actuación en las aguas de Estonia.

Del 14 de septiembre al 21 de octubre se libraron batallas en las islas de Estonia. El 5 de octubre de 1941, los últimos restos del Ejército Rojo se rindieron en Sorve a las unidades alemanas y voluntarias de «Erna II», apoyadas desde el mar por los cruceros *Leipzig* y *Emden*. Los oficiales y comisarios del Ejército Rojo huyeron al puerto de Montu, abandonando a sus tropas en el último momento, para escapar de la península.

GENERAL GOTTFRIED WEBER

Gottfried Weber se unió al ejército real prusiano como soldado en 1917. Ascendió a *Leutnant* en 1918 y causó baja del ejército en 1920, tras el final de la Gran Guerra. En 1934 se reincorporó como *Hauptmann*, en el 23º Regimiento de Infantería. Al comienzo de la guerra era *Major* y mandaba el 1º Batallón del 162º Regimiento de Infantería, unidad con la que participó en las campañas polaca

y occidental, y desde junio de 1941, en Rusia. Durante la conquista de Estonia, él y su batallón se distinguieron especialmente en combate contra los soviéticos, asegurando los flancos de su división (la 61ª), tanto en territorio continental como en la toma de la isla de

Saaremaa (Ösel), por lo que el 13 de octubre de 1941 recibió la *Ritterkreuz*. Ya como *Oberstleutnant,* en 1942 mandó el 176º Regimiento de Infantería. Más tarde estaría al frente de las divisiones 81ª, 61ª y 93ª de Infantería. Tras su ascenso a *Oberst*, asumió el mando de la 12ª División de Campaña de la *Luftwaffe*, unidad con la que recibió las hojas de roble para su *Ritterkreuz*. Ascendió a *Generalleutnant* en agosto de 1944. Al final de la guerra fue hecho prisionero por los rusos y acusado de «criminal de guerra». Fue liberado en 1955, uniéndose al *Bundeswehr*, como Inspector de Infantería. Falleció ese mismo año en un accidente de automóvil.

La desorganización prevaleció en las unidades rojas que quedaron atrás y se rindieron a los alemanes. En total, más de 15 000 soldados del ejército soviético fueron hechos prisioneros en las islas, capturándose una buena cantidad de material militar.

CAPITÁN DE FRAGATA ALEXANDER CELLARIUS

Nació el 2 de febrero de 1898 en Troitsk (Oremburgo-Rusia). Fue representante de la inteligencia militar –*Abwehr*– en Finlandia y Estonia durante la Segunda Guerra Mundial. Desde septiembre de 1939, Cellarius fue ayudante del agregado naval alemán en Helsinki y Tallin. Entre 1939 y 1941, dirigió la *Kriegsorganization Finnland/ Estland* (*KO Finnland*) del *Abwehr*,

también denominado *Büro Cellarius*. Las tareas de este departamento incluían inteligencia, contraespionaje y sabotaje contra los rusos. Cellarius mandó el *Abwehrnebenstelle Reval* –formado en julio de 1941–, dirigiendo los desembarcos de «Erna» en la costa norte de Estonia, en julio de ese año, y en la isla de Muhu, en septiembre. En 1942, Cellarius fue ascendido a capitán de fragata. Después de que el *Abwehr* se uniera al *Reichsicherheitshauptampt* (*RSHA*) en junio de 1944, las tareas de inteligencia de *Büro Cellarius*

en Finlandia fueron transferidas a la SD, permaneciendo el *Büro Cellarius* únicamente a cargo del contraespionaje. Cuando el Ministro de Exteriores alemán, Von Ribbentrop, visitó Finlandia a finales de junio de 1944, encomendó a Cellarius la tarea de crear una organización de resistencia proalemana en Finlandia que, si fuera necesario, podría dar un golpe de estado para impedir la conclusión de una paz separada. Se buscaron miembros proalemanes para la organización, que se denominó *Sonderkommando Nord*. En septiembre de 1944 Finlandia firmó un armisticio con la URSS y Cellarius abandonó el país, dirigiendo las operaciones desde Swinemünde, en el norte de Alemania. Las actividades del *Sonderkommando Nord* terminaron después de la rendición de Alemania en la primavera de 1945. Tras el fin la guerra, Cellarius trabajó en los servicios de inteligencia occidentales. Falleció en Alemania en 1979.

CAPITÁN DE FRAGATA FRIEDRICH BRILL

Karl Friedrich Brill nació el 18 de julio de 1898 en Stolzenau. En octubre de 1915 se unió a la Armada Imperial y como guardiamarina alumno participó en la batalla de Skagerrak, ascendiendo a alférez el 13 de julio de 1916, y a teniente el 13 de diciembre de 1917. Fue dado de baja de la Marina en noviembre de 1919, y entró a trabajar en varios astilleros. Estudió ingeniería mecánica, alcanzando el grado de doctor. Se integró en los *Freikorps* –Brigada Ehrhardt– hasta el Putsch de Kapp, y formó parte de las SA, procedente de la asociación *Stahlhelm*. El 1 de septiembre de 1939 Brill era capitán de corbeta en la reserva y mandaba el buque minador *Roland*, buque civil requisado por la *Kriegsmarine* y transformado en agosto de 1939. En junio de 1941, se le dio el mando de la Flotilla de Minadores «Cobra», que estaba formado por los buques *Cobra*, *Kaiserine Luise* y *Kaiser*. En junio de 1941, la flotilla de Brill, protegida por varias embarcaciones de la 1ª Flotilla de lanchas rápidas y apoyada por embarcaciones *Räumsboote* de la 5ª Flotilla de desminado, colocó la barrera «Corbetha» (400 minas EMC y 700 boyas explosivas) entre Kallbadagrund (Finlandia) y Pakerort (Estonia). Hasta el 26 de agosto de 1941, Brill organizó y dirigió los trabajos de minado de la llamada barrera «*Juminda*», frente al cabo Juminda, en la costa norte de Estonia. Por este trabajo y sus efectos sobre la Flota del Báltico de la URSS, el 20 de noviembre de 1941 recibió

la recién creada Cruz Alemana en Oro y un mes más tarde, la Cruz de Caballero (*Ritterkreuz*). Tras el hundimiento del *Cobra* en un ataque aéreo norteamericano en los astilleros donde se reparaba, fue nombrado comandante del minador *Brummer* (ex noruego *Olav Tryggvason*), donde estuvo hasta junio de 1943, y después del *Brandenburg*, hundido el 21 de septiembre de 1943 al noreste de la isla de Capraia por el submarino británico *Unseen*. Brill sobrevivió al hundimiento y asumió el mando del minador italiano *Gasperi* –que acababa de ser confiscado– a finales de septiembre de 1943, ascendiendo a capitán de fragata el 1 de octubre de ese año. El *Gasperi* fue rebautizado como *Juminda*, en honor a la actuación que le llevó a ser condecorado con la *Ritterkreuz*. En su última misión, el *Juminda* fue hundido a dos millas náuticas al oeste de Santo Stefano la noche del 22 al 23 de octubre de 1943 por lanchas rápidas norteamericanas. Brill y gran parte de la dotación murieron en el hundimiento. El cuerpo de Brill fue recuperado el 24 de octubre de 1943 y enterrado en Santo Stefano el 28 de octubre de 1943. Recibió las Hojas de Roble para su *Ritterkreuz*, a título póstumo, el 18 de noviembre de 1943. Su viuda también recibió el distintivo de combate de dragaminas, caza-submarinos y escoltas, con diamantes, el 18 de mayo de 1944. El 26 de septiembre de 1944, Hitler cambió el nombre de la 24ª Flotilla Dragaminas a «Flotilla de Dragaminas Karl-Friedrich Brill».

Los batallones *Schutzmannschaft* y otras unidades policiales estonias

Orden cerrado en un batallón *Schutzmannschaft* estonio. Desde la primavera de 1943, las unidades «Schuma» bálticas fueron dotadas de uniformes M-1936 de la *Ordnungspolizei* alemana (OrPo), aunque como se puede apreciar en la fotografía, no todos los hombres llevan este uniforme, manteniendo algunos de ellos el del *Heer* (ninguno lleva emblema nacional alemán). Pese a que hay algún fusil Mauser germano, la mayoría lleva como arma larga el fusil soviético capturado Tokarev SVT-40. Muchos de los hombres lucen la cinta de la Medalla del Primer Invierno en el segundo botón de su guerrera.

La formación de batallones de policía auxiliar estonia comenzó a finales de julio y principios de agosto de 1941.

El *Reichsführer SS* Heinrich Himmler –que era también jefe de la policía– vió que no había suficientes unidades germanas para realizar tareas policiales en las regiones orientales ocupadas, y ordenó la formación urgente de unidades de policía «entre los habitantes amigos». El 31 de julio de 1941, Himmler caracterizó con el apelativo *Schutzmannschaft* (unidades de protección o de defensa) a las unidades policiales de los territorios ocupados del Este.

El 29 de agosto de 1941, al día siguiente de la toma de Tallin, el jefe de la retaguardia del Grupo de Ejércitos Norte, el general de infantería Franz von Roques, ordenó la formación de unidades de fusileros de autodefensa estonios, tipo batallón. El jefe de las SS y la policía comenzó a preparar la organización de cuatro de estas unidades, una para cada una de las tres divisiones de seguridad que operaban en la retaguardia del grupo de ejércitos, y otra para el denominado Mando de Campaña 611º, ubicado en la estratégica ciudad rusa de Pskov.

Las unidades estonias formadas para las divisiones de seguridad debían estar subordinadas respectivamente a los batallones de policía de reserva alemanes 2º, 65º y 105º. Los batallones de policía alemanes designaron a un oficial germano como comandante del batallón estonio, y a un oficial estonio –jefe efectivo–, subordinado a él. Los miembros de estas unidades vestían uniformes estonios obtenidos en almacenes y llevaban un brazalete verde con la inscripción *Schutzmannschafts-Abteilung* en el brazo izquierdo.

Los hombres fueron reclutados como voluntarios en varias zonas de Estonia, por seis meses, y en el contrato que firmaban se comprometían a poder ejercer sus funciones fuera de las fronteras de Estonia. Más tarde, cuando quedó claro que el conflicto iba a ser largo, el acuerdo firmado se prorrogó automáticamente; el nuevo plazo era, simplemente, el fin de la guerra.

El *Reichführer* de las SS y jefe de la policía alemana era Heinrich Himmler.

DISTRITO GENERAL DE ESTONIA

El Distrito General de Estonia (*Generalbezirk Estland*) fue una de las cuatro subdivisiones administrativas del *Reichskommissariat Ostland*, el régimen de ocupación civil establecido por Alemania entre 1941 y 1944 para la administración de los tres países bálticos (Estonia, Letonia y Lituania) y la parte occidental de Bielorrusia. El Distrito General de Estonia fue el último de los cuatro distritos en establecerse formalmente, el 5 de diciembre de 1941. Se organizó en el territorio de Estonia, ocupado por Alemania, que hasta entonces había estado bajo la administración militar del Grupo de Ejércitos Norte. La capital del Distrito General de Estonia era Tallin (Reval). La administración civil estaba dirigida por un Comisario General –Karl-Siegmund Litzmann–, subordinado all *Reichskommissar*

Comisario General del Reich para Estonia: *Obergruppenführer* Karl S. Litzmann.

Ostland –Hinrich Lohse–, con sede en Riga. Los asuntos policiales y de seguridad eran supervisados por un jefe de las SS y la policía designado directamente por Heinrich Himmler, –*SS-Brigadeführer* Hinrich Möller, sucedido en abril de 1944 por el del mismo empleo, Walther Schröder– ambos dependientes del jefe superior de las SS y la policía *Ostland und Russland-Nord*, con sede en Riga –*SS-Obergruppenführer* Friedrich Jeckeln–. El 17 de septiembre de 1944, el Ejército Rojo lanzó la ofensiva sobre Tallin y Litzmann partió hacia Hungría. La ciudad fue abandonada por las fuerzas alemanas el 22 de septiembre, dejando de existir el *Generalbezirk Estland*. La administración de las zonas de Estonia que todavía estaban bajo ocupación alemana volvió a manos militares del Grupo de Ejércitos Norte.

ZONAS DE COMPETENCIA EN EL FRENTE DEL ESTE Y EN LA RETAGUARDIA

En las zonas ocupadas alemanas y en las zonas de retaguardia de los grupos de ejércitos, los jefes de las SS y de la policía subordinados a Himmler eran responsables de la seguridad interna y de la organización policial, así como del reclutamiento de voluntarios. En el entorno del frente, la responsabilidad era de los comandantes de retaguardia de los ejércitos (entre los 20 y los 50 km del frente) y de los comandantes de división o de cuerpo de ejército directamente en el frente (hasta los 20 km del frente). Las SS y la policía no tenían competencia en el área de operaciones de los comandantes de retaguardia y de las unidades de primera línea del ejército. Las excepciones fueron la Policía de Seguridad y los grupos operativos del SD (*Einsatzgruppen*), que operaban en gran medida por su cuenta en la retaguardia inmediata del frente. Estonia, como retaguardia del frente de Leningrado, era muy valorada por el mando alemán.

Posteriormente se reclutaron dos batallones más: el denominado *Estnische Schutzmannschaft Ersatz-Abteilung* (Batallón de Instrucción y Depósito de Estonia) y el *Estnische Pionier-Schutzmannschaft Abteilung «Dorpat»* (Batallón de Zapadores de Estonia «Tartu»).

En principio, los tres batallones *Schutzmannschaft* asignados a las divisiones alemanas de seguridad –denominados «Dorpat», «Fellin» y «Poltsamer»– y el enviado al Mando 611º –«Pleskau»–, incluían una plana mayor y tres compañías, cada una de ellas formada por cuatro secciones. Sumaba cada uno de ellos unos 500 hombres, incluyendo un oficial alemán de enlace, designado por la división de seguridad a la que estaba asignado el batallón estonio, y que actuaba como asesor organizativo y táctico del comandante, y de enlace con la división.

Brigadeführer Hinrich Möller. Fue jefe de las fuerzas de policía y de las SS en el territorio de Estonia.

Más adelante, se incrementaría el número de compañías por batallón –llegando en algún caso hasta cinco– y en cada una de ellas se organizaría un pelotón de ametralladoras, con dos máquinas pesadas y una ligera. En realidad, el número de hombres presentes en los diferentes batallones variaba entre 300 y 800.

Administrativamente, estos batallones estonios estaban subordinados al jefe de policía y las SS de Estonia, el *Brigadeführer* Hinrich Möller. En el frente, sin embargo, dependían de los jefes de las unidades alemanas a las que estaban asignados o, en algunos casos, actuaban de forma independiente. Los batallones *Schutzmannschaft* estonios eran unidades típicas de infantería, por lo que no disponían de motorización.

Las unidades se diferenciaban entre sí en cuanto a los objetivos que se les asignaban y la naturaleza de sus actividades. Así, los batallones *Schutzmannschaft* podían ser: de campaña (identificados con la letra F–*Front*); de guardia o vigilancia (W–*Wacht*); de zapadores (P–*Pioner* o B–*Baupioner*) o de instrucción y depósito (E–*Ersatz*).

El 25 de noviembre de 1941, el OKH reguló el estatus y los nombres de las unidades de protección (o defensa) lituanas, letonas y estonias, operativamente subordinadas a la policía, así como la de los grupos de seguridad, integrados en la *Wehrmacht*:

1. Las unidades lituanas, letonas y estonias formadas por el comandante de la retaguardia de los Ejércitos nº 16 y 18 y el Grupo de Ejércitos Norte deben estar subordinadas como unidades policiales auxiliares al jefe superior de las SS y de la policía del Grupo de Ejércitos Norte en términos de personal, competencia judicial y cuestiones disciplinarias. En operaciones y en cuestiones de mantenimiento, están subordinados a los ejércitos o al comandante de la retaguardia del Grupo de Ejércitos Norte.

2. Las unidades de policía auxiliares se denominan *Sicherungs-Abteilungen* (grupos de seguridad) en los ejércitos, y *Schutzmannschafts-Abteilungen* (grupos de protección) o *Schutzmannschaft* en la retaguardia, a las órdenes del comandante del Grupo de Ejércitos Norte cuando están empleadas en el servicio de policía o de guardia. Para distinguir los grupos de seguridad y los de protección se añade el origen nacional y el número o lugar de formación, por ejemplo: *Estnische Sicherungs-Abteilung 181* o *Estnische Schutzmannschafts-Abteilung «Dorpat»*.

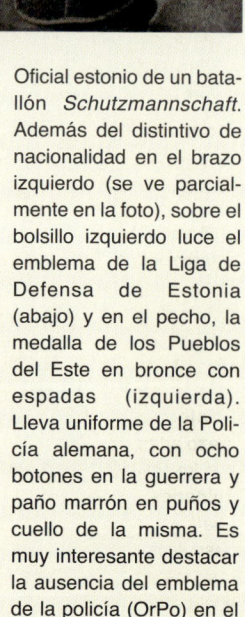

Oficial estonio de un batallón *Schutzmannschaft*. Además del distintivo de nacionalidad en el brazo izquierdo (se ve parcialmente en la foto), sobre el bolsillo izquierdo luce el emblema de la Liga de Defensa de Estonia (abajo) y en el pecho, la medalla de los Pueblos del Este en bronce con espadas (izquierda). Lleva uniforme de la Policía alemana, con ocho botones en la guerrera y paño marrón en puños y cuello de la misma. Es muy interesante destacar la ausencia del emblema de la policía (OrPo) en el brazo.

Inicialmente, la mayoría de estos batallones estaban equipados con armas capturadas a los rusos y uniformes estonios o letones anteriores a la ocupación soviética. Pasado el tiempo, la situación mejoró en el suministro de armamento –aunque nunca se resolvió del todo– y en el uso de uniformes alemanes, bien del *Heer*, bien de la policía, aunque hay que decir que en el aspecto uniformológico, los batallones estonios fueron muy variopintos hasta el final de la guerra..

AUTOGOBIERNO DE ESTONIA BAJO LA OCUPACIÓN ALEMANA

El 15 de septiembre de 1941, el general Franz von Roques, jefe de las fuerzas de retaguardia del Grupo de Ejércitos Norte, designó un gobierno autónomo en Estonia, en nombre del Comandante en Jefe del Grupo de Ejércitos. El 14 de octubre de ese mismo año, el Autogobierno de Estonia promulgó las leyes de la República de Estonia vigentes antes de la ocupación soviética de 1940. Las autoridades de ocupación alemanas entregaron oficialmente el poder civil al Autogobierno el 5 de diciembre de 1941 en un evento celebrado en el castillo Kadrioru en Tallin, donde el representante de Hinrich Lohse, Comisario General «Ostland», nombró a Karl Siegmund Litzmann, Comisario General para Estonia. El 7 de marzo de 1942, Alfred Rosenberg, Ministro de Estado para las Zonas Orientales, aprobó el llamado Reglamento Organizativo núm. 3, según el cual el gobierno civil alemán tendría carácter supervisor, permaneciendo las actividades de gobernanza directa dentro de la competencia de las autoridades locales. Como presidente del Autogobierno y Di-

rector de Educación y Justicia, fue nombrado Hjalmar Mäe. Oscar Angelus fue el Director de Asuntos de Interior; Alfred Vendt, Director de Asuntos Económicos y Transportes; Hans Saar, Director de Agricultura; Otto Leesment, Director de Asuntos Sociales y Axel Mei, jefe de Contabilidad. El 1 de junio de 1942 se instituyó la Dirección de Asuntos Técnicos, cargo para el que fue designado Arnold Radik y el 28 de enero de 1943, Oskar Opik fue nombrado Director de Justicia. Cuando se constituyó la Legión Estonia, el general Johannes Södla fue nombrado inspector de la misma.

El jefe del Autogobierno estonio, Hjalmar Mae, saluda a Karl Siegmund Litzmann, representante del Reich en Tallin.

Abajo. Emblema de brazo artesanal empleado por los miembros de las unidades *Schutzmanschaft* estonias. En este caso lleva sobre los colores, los tres leones del escudo nacional.

A principios de noviembre de 1941, se decidió numerar las unidades *Schutzmannschaft* formadas en Estonia, reservándose, inicialmente, los numerales comprendidos entre el 29 y el 42, aunque pasado el tiempo, con la incorporación de nuevos batallones, se ampliaron y se pasó a dígitos de tres cifras, reservando para las unidades estonias los numerales comprendidos entre el 281 y el 293. Como veremos en el siguiente capítulo, los dígitos 281 a 286 se utilizaron unos meses —entre febrero y agosto de 1942— para asignarlos a los grupos de protección del 18º Ejército, cuando, circunstancialmente, pasaron a depender de la policía.

Los primeros batallones *Schutzmannschaft* estonios, formados entre agosto y septiembre de 1941, mantuvieron sus nombres —referentes a los lugares donde se habían formado— hasta marzo de 1942. En esta fecha se adaptaron a la nomenclatura general decidida en noviembre del año anterior, correspondiéndoles un número y una letra. Los números elegidos iban desde el 37 al 42. Los cuatro primeros eran batallones operativos, para ser enviados al frente, el 41º(E) era de entrenamiento y depósito y el 42º(P), de zapadores y construcción.

Batallones «Schuma» estonios formados en 1941

Grupo	Organizado	Transformado en:	Fecha
«*Dorpat*» (Tartu)	Agosto 1941	37º (F) «*Schuma*» *Bataillon*	Marzo 1942
«*Fellin*» (Viljandi)	Septiembre 1941	38º (F) «*Schuma*» *Bataillon*	Marzo 1942
«*Poltsamer*» (Pöltsamaa)	Septiembre 1941	39º (F) «*Schuma*» *Bataillon*	Marzo 1942
«*Pleskau*» (Pihkva-Pskov)	Agosto 1941	40º (F) «*Schuma*» *Bataillon*	Marzo 1942
Entrenamiento y depósito	Septiembre 1941	41º (E) «*Schuma*» *Bataillon*	Marzo 1942
Zapadores «*Dorpat*»	Septiembre 1941	42º (P) «*Schuma*» *Bataillon*	Marzo 1942
29º (W) «*Schuma*»	Noviembre 1941	Disuelto	Enero 1943
36º (F) «Schuma»	Noviembre 1941	Disuelto	Principios de 1943

En la primavera de 1943 se disolvería el 39°(F) Batallón *Schuma* –que mandaba el coronel estonio-ruso Aleksander Sobolov– y en las navidades de ese mismo año, los tres batallones de frente restantes –los numerados 37°(F), 38°(F) y 40°(F)– estaban subordinados a la 285ª División de Seguridad alemana, asegurando las vías férreas en la retaguardia inmediata del lago Peipus. Por lo que se refiere a los otros dos batallones, el 41°(E) de reserva dependía directamente del general jefe de la retaguardia y el 42°(P) de zapadores, dependía de la 207ª División de Seguridad.

En marzo de 1944, los tres batallones de frente regresaron a Estonia, siendo reforzados en junio con hombres de otros batallones policiales disueltos en esas fechas. En julio, con estos tres batallones se formaría el 2° Regimiento de Policía de Estonia, al mando del mayor Karl Saimré. Tras participar en la batalla de Daugavpils (Letonia) los batallones regresaron a Estonia a principios de agosto. Allí, el 40°(F) Batallón se integró en el 38°(F), permaneciendo en la misma situación anterior el 37°(F) Batallón. Ambas unidades fueron subordinadas a la 87ª División de Infantería alemana, distinguiéndose los estonios en la destrucción de la cabeza de puente del Ejército Rojo en la zona entre Kärevere y Laeva. En septiembre se retiraron en dirección a Riga, fusionándose en un *Kampfgruppe* al mando del jefe del 38° (F) Batallón, Julius Elland.

El 2 de octubre, los batallones de policía 37°(F) y 38°(F) fueron retirados del frente y enviados por vía marítima a Gotenhafen (Gdynia), desde donde fueron trasladados al campo de entrenamiento de la 20ª División de Granaderos de la Waffen SS de Estonia, en Neuhammer, integrándose en esta gran unidad estonia a partir de noviembre.

El 41°(E) Batallón de Policía de Reserva fue disuelto el 11 de julio de 1944, integrándose su personal en el 35°(E) Batallón, y el 42°(P) de zapadores estuvo subordinado al comandante de la retaguardia del Grupo de Ejércitos «Norte», hasta que se disolvió en el otoño de 1944.

Antes de finalizar el año 1941, en noviembre, se organizarían otros dos batallones *Schuma*: el 29° (W) y el 36° (F); el primero de vigilancia y el segundo destinado al frente, dejando el resto de números intermedios –30°, 31°, 32°, 33°, 34° y 35°– para asignar a otros batallones que se formarían a lo largo de 1942, todos ellos de guardia, vigilancia o entrenamiento, que quedaron acantonadas, inicialmente, en Estonia.

El 29°(W), pese a ser de vigilancia y no estar preparado para el combate fue llevado al frente de Leningrado en marzo de 1942, con resultados catastróficos. Sería disuelto en enero de 1943 y vuelto a crear un mes más tarde con hombres de las unidades de autodefensa, prestando servicio de vigilancia en Tallin hasta enero de 1944, que sería enviado al frente de Narva, donde volvería a desangrarse. En junio de ese mismo año era disuelto definitivamente.

Varios policías estonios acaban de ser condecorados en el frente con la EK-II, que todavía prenden de sus uniformes. Como se puede apreciar, la uniformidad es variopinta, vistiendo indistintamente uniformes del *Heer* o de la policía alemana.

El 36°(F) fue pensado como un batallón de campaña desde su constitución, luchando contra los partisanos en Bielorrusia y en Stalingrado entre noviembre y diciembre de 1942. En enero de 1943, tras su regreso a Estonia, sería disuelto –como le ocurrió al 29°(W)–, y en marzo volvería a reconstituirse. Tras un período de formación, sería enviado a la zona de Ostrov, donde prestó servicio hasta finales de 1943, cuando sería definitivamente disuelto.

La Legión Estonia en la Segunda Guerra Mundial

- **Batallón «*Dorpat*» (37º-F).** Fue organizado el 29 de agosto de 1941 en Tartu (Dorpat, en alemán), para la 207ª División de Seguridad de la *Wehrmacht*, ubicada en Tartu. Fue su primer jefe el mayor Martin Bergman. La mayoría de los componentes del batallón provenían del antiguo Regimiento de Caballería de Tartu, por lo que vestían su uniforme, con un brazalete verde en la manga con el nombre de la unidad. La fuerza del batallón después de su constitución era de 760 hombres y estaba formado por cuatro compañías. Una de las compañías fue trasladada a Pskov unos meses y asignada a

la *Luftwaffe* para proteger los aeródromos alemanes de la región. El batallón operó inicialmente en el distrito de Pskov-Ostrov y, posteriormente, fue trasladado a Bielorrusia. En julio de 1944 se completó con hombres de los batallones de policía 29º a 33º, que en aquel momento se disolvieron y fue enviado al frente en la zona de Daugavpils (Letonia), como parte del 2º Regimiento de Policía recién creado. El 14 de agosto, el batallón fue devuelto a Estonia. Integrado en la 87ª División de Infantería alemana, se retiró de Estonia en septiembre de ese año, pasando a Letonia, donde libró sus últimas batallas en los suburbios de Riga. Desde allí, el batallón fue transferido a Alemania, donde cesó sus actividades en octubre y los hombres restantes se reunieron en la reformada 20ª División Waffen SS de Estonia.

- **Batallón «*Fellin*» (38º-F).** Fue formado el 4 de septiembre de 1941 en Viljandi (Fellin, en alemán), siendo su primer comandante el teniente coronel Juhan Raudmäe, y operó con la 285ª División de Seguridad de la *Wehrmacht*, ubicada

en Viljandi. Dispuso inicialmente de tres compañías, y más tarde se incorporó una cuarta. Se desplegó en Rusia, en el distrito de Luga-Pskov-Ouduva, vigilando aeródromos, ferrocarriles y otros objetivos militares, participando en combates y sufriendo bajas significativas. El batallón regresó a Estonia en marzo de 1944, con sólo 131 hombres, agregándosele poco después el personal del 29º Batallón de Policía, recién disuelto, y renovando armas y equipo. En julio se integró en el recién creado 2º Regimiento de Policía y, junto al 37ºBatallón, combatió en Letonia, en la zona de Daugavpils, regresando luego a Estonia y fusionándose con el 40º Batallón de Policía. La última batalla la libró el 5 de octubre en Mezapark, un suburbio de Riga, cerca del zoológico. En la capital letona dejó armas pesadas, ametralladoras y carruajes, y el 6 de octubre fue trasladado en barco a Alemania. El 20 de octubre el batallón se integró en el 37º Batallón, formando las compañías 3ª y 4ª. Después, sus efectivos se unieron a la restablecida 20.ª División Waffen SS de Estonia.

- **Batallón «*Poltsamer*» (39º-F).** Fue creado en septiembre de 1941 en Põltsamaa (Poltsamer, en alemán), siendo su primer comandante el mayor Aleksander Sobolev. Inicialmente se asignó a la 281ª División de Seguridad, disponiendo de tres compañías. En el invierno de 1941, el batallón fue enviado a Rusia, al este de la frontera con Letonia. La 3ª Compañía se desplegó para proteger los aeródromos de Pihkva, Ostrovi, Luga, Oudovo y Dnos, y fue integrada en la *Luftwaffe*, por lo que vestía sus uniformes. A finales de año se organizarían en Tartu otras dos compañías: la 4ª, al mando del capitán Voldemar Mikkola, luchó en enero de 1942 en la bolsa de Cholm. La 5ª estaba formada por esquiadores y actuaba como compañía de seguridad para la plana mayor del grupo. En abril de 1943, el batallón fue devuelto a Estonia y disuelto. Algunos de sus miembros se unieron a la «Legión Estonia», y el resto fue enviado al 287º Batallón de Policía como refuerzo.

• **Batallón «*Pleskau*» (40º-F).** Se organizó en Voru a finales de agosto de 1941 siendo su primer jefe el mayor Kusta Lindpere. El 2 de septiembre de 1941 fue enviado a la ciudad rusa de Pskov (Pleskau, en alemán y Pihkva en estonio). Su misión principal fue la vigilancia en esta recién capturada ciudad rusa. En el verano de 1942, el batallón también fue desplegado en la lucha contra los partisanos en la región. El 24 de diciembre de 1942, fue trasladado de Pskov al distrito de Vobor, quedando la plana mayor del batallón en Ostrov desde el 1 de marzo hasta el otoño de 1943, fecha en la que regresaría a Pskov. El batallón dependía de la 207ª División de Seguridad.

El 5 de marzo de 1944, el batallón fue devuelto a Estonia, donde descansó y se reorganizó, y en julio, integrado en el 2º Regimiento de Policía de Estonia combatió en Daugavpils (Letonia), junto al lago Viesite. Tras estos combates, el batallón fue trasladado a Tallin y disuelto el 19 de agosto de 1944. Algunos de sus hombres se incorporaron al 38º Batallón de Policía y una gran parte, a la 20ª División Waffen SS de Estonia.

• **Batallón de entrenamiento y depósito (41º-E).** Fue formado en Tartu el 1 de noviembre de 1941 y su primer comandante fue el teniente coronel Oskar Särev. Los hombres que finalizaban su entrenamiento se organizaban desde esta unidad para completar los batallones «*Schuma*» estonios que sufrían pérdidas en el frente. Su cuartel general estuvo en Tartu. Teóricamente debía tener 975 hombres, aunque en realidad este batallón nunca superó los 300. En marzo de 1943, las tareas de entrenamiento y depósito fueron transferidas al 35º Batallón de Entrenamiento de Tallin, por lo que el 41º Batallón sería disuelto.

• **Batallón de zapadores «*Tartu*» (42º-P).** Se creó en noviembre de 1941 en la ciudad de Tartu, poniendo al mando de la unidad al mayor August Schiller. Su dotación inicial fue de 560 hombres, la mayoría rusos estonios, distribuidos en cuatro compañías. Después de un período de entrenamiento de dos meses, durante el cual se enseñaron los fundamentos del trabajo de los zapadores, el batallón fue desplegado en la zona de Pskov. Las compañías, de manera independiente, realizaron diversos trabajos construcción en la región: búnkeres, zanjas, puentes, carreteras, líneas de defensa y trincheras. Esta unidad también protegió a los trabajadores de la Organización «Todt» y cuando fue necesario, se utilizó en la lucha contra los partisanos y también en el frente. En marzo de 1943, el batallón volvió a Estonia y, tras un breve descanso, fue destinado a la defensa costera en el lago Peipus. En el otoño de 1944, tras la retirada al frente de Voru-Petseri, el batallón quedó

Ermil Paju. Alférez del 37º Batallón «*Schuma*» estonio. Viste uniforme del *Heer*, con el águila de pecho, y luce una cinta de la EK-II y emblema de la Liga de Defensa de Estonia.

destruido en la zona del río Emajogi, al oeste del lago Peipus.

• **29º (W) Batallón «*Schuma*».** Se formó el 5 de noviembre de 1941 en Tallin, por orden de la policía de orden alemana, para realizar tareas de guardia en la capital estonia, siendo su primer comandante el mayor Joann Peikeri. Debido a la falta de personal, el 28 de noviembre se fusionó con el 2º escuadrón de las Fuerzas de Autodefensa de Tallin (*Omakaitse*). En marzo de 1942, el batallón fue enviado al frente de Leningrado sin ningún entrenamiento, sufriendo grandes pérdidas. En enero de 1943, los hombres que quedaban fueron enviados a descansar a Tartu, pasando luego al 30º Batallón «*Schuma*» como refuerzo, disolviéndose el 29º. En febrero de 1943 se creó un nuevo batallón «*Schuma*» de vigilancia con el nº 29, al que se unieron cuatro compañías de Autodefensa, sumando 530 hombres, permaneciendo en Tallin. En enero de 1944, el batallón entraría en combate en la línea del río Narva, rompiendo los soviéticos las defensas el 2 de febrero, sufriendo grandes pérdidas y debiendo retirarse de sus posiciones. En marzo de 1944, lo que quedaba del batallón fue destinado a la defensa costera y en junio se trasladó a Pärnu, donde fue disuelto, pasando la mayoría de los hombres al 38º Batallón de Policía.

• **El 36º (F) Batallón «*Schuma*»** comenzó a organizarse el 23 de noviembre de 1941 en las islas occidentales de Estonia, siendo su primer jefe el mayor Julius Renter. En marzo de 1942, el batallón recibió uniformes del antiguo ejército letón y armamento. El 27 de marzo se reunió en Haapsallu y se preparó para partir, viajando a Tartu, donde continuó su entrenamiento. El 2 de agosto salió de Tartu en tren hacia Bielorrusia, participando en la lucha contra los partisanos y en la vigilancia de los lugares de detención. El 21

de noviembre, el batallón recibió equipamiento completo de primera línea y al día siguiente fue enviado a Stalingrado. Esa misma noche se hizo cargo del batallón –por enfermedad de su comandante– Harald Riipalu, jefe de la 3ª Compañía. El batallón fue asignado al *Kampfgruppe von Stumpfeld*. Los combates constantes con un enemigo abrumador, fueron la tónica general del asedio de Stalingrado. El 31 de diciembre de 1942, el batallón se reunió en la ciudad de Shajty (en el oblast de Rostov) y comenzaron los preparativos para el viaje de regreso a casa. En el mes en el que estuvo el batallón destacado, se ganó un gran respeto y reconocimiento por parte de las unidades alemanas vecinas. Se concedieros 42 cruces de hierro a soldados del batallón y hubo en ese mes 147 bajas, entre ellas 39 muertos. Tras un merecido descanso, el batallón fue disuelto y la mayoría de sus hombres pasaron a la Legión Estonia. En marzo de 1943 sería organizado otro batallón con este mismo número, que participó en la operación antipartisana «*Winterzauber*». Fue enviado a la zona de Ostrov, donde se encontraba en septiembre de ese mismo año. Antes de finalizar el año, los hombres del batallón fueron repartidos entre varios otros batallones (286º, 288º y 289º), disolviéndose.